やりたいことだけやって
人生を良くする

わがままリスト

WAGAMAMA
List

山岸洋一

イースト・プレス

ぜ〜んぶ書き出そう！

- ずっとゲームしていたい
- TOEIC800点取りたい　今まだ600点…
- 不自由のない老後を送りたい　いくらあれば　いいんだろう
- 評判になっている映画を観たい
- 前から気になっていた本を読みたい
- 海の見えるマンションに住みたい　もっと　稼がなきゃ
- アイドルの△△△さんに会いたい　無理に決まってる
- 転職して良い仕事に就きたい　やりたいことがないし…
- ▲▲さんと付き合いたい　今のところ接点なし

やるだけで、人生が動き出す！

大きなことも、小さなことも、わがままも、

2021年○月×日

・お寿司食べたい

・もっとラクに仕事したい　今の会社じゃ無理！

・年収1千万円稼ぎたい　遠い夢だな…

・素敵な彼氏をつくりたい　このままじゃ無理かな

・もっとたくさん寝たい

・誰からも尊敬される人になりたい　経験を積み重ねないと

・パリに旅行したい　お金使って大丈夫かな

・ブランドバッグが欲しい　貯金なくなっちゃう

・バンジージャンプしてみたい　どこでできるんだろう

「今すぐやれる！」と思うことを

はじめに

「夢」なんて大げさな言葉は使わずに、
今、「やりたいこと」を考えてみてください。

「あの映画観たいな」
「気になっていたカフェでお茶したいな」
「新しい服が欲しいな」
「おいしいもの食べたいな」
「一日中家でダラダラしていたいな」

たくさんあると思います。

それ、できないことですか？

きっと、やろうと思えばすぐにできることが、たくさんあるはずです。
でも、多くの人が、放置したままです。自分がしたいことのはずなのに。

なぜ、やらないのでしょうか。

私は本書の執筆中、こんなことを思いました。

「新しく見つけたレストランに行きたい」
「近所にオープンしたふくろうカフェに行きたい」

そして、その週末に、実際にやりました。レストランは期待通りにおいしく、ふくろうたちはとてもかわいかったです。どちらも、大した金額や時間を使ったわけではないですが、とても楽しいひと時となりました。

すぐできることを放置する人、やりたいと思ったらすぐにやれる人。この違いが、人生がうまくいく人といかない人の差です。

そう言うと、私がいかにも成功者のようですが、自慢したいわけではありません。

私は『7つの習慣』で知られるフランクリン・コヴィー社の日本法人で、長年セールスを担当してきました。そこで培ったノウハウを土台に、独立してからは「成功したい」「幸せになりたい」という人のお手伝いをしています。

本書でご紹介する「わがままリスト」のノウハウは、その過程でつくり上げたものです。自分のやりたいことを、取るに足らないことでも、人には言えないことでもリストに書き出して、その中から「今すぐにやれること」を実行していくことから始めます。それが人生を大きく変えていくことを誰よりも知っているから、やりたいことをすぐやれるのですね。

さて、この本を手に取ってくださったということは、人生を良くしたいと考えているのだと思います。そして、恐らくこれまでにも、成功ノウハウを説いた本を読んできたのではないでしょうか。

その多くは、こんな感じだったと思います。

- **まず、人生の目標を決めよう**
- **その目標を達成するための計画を立てよう**
- **計画を一つずつ実践して、目標を達成しよう**

間違ってはいませんが、多くの人は、これができないから苦しみます。そうして「自分は意志力が弱いんだ」「努力できない怠け者なんだ」と落ち込み、途中であきらめます。結果的に人生は変化しないまま続き、また新しい本を手に取る……。

本文で詳しくお話ししますが、このやり方は20世紀につくられたノウハウの核心部分です。21世紀に入って最初の20年が過ぎた今、同じやり方では人生は変わりません。

現代人は、「ある理由」から夢を実現させるためのパワーがとても低下している状態です。パワーを取り戻すことができれば、意志力とは関係なく、人生を良い方向に変化させることができます。

「わがままリスト」では、簡単なリストを作って、それにもとづいた単純な作業をしていきます。それだけで、時代とのズレが修正されます。今まで空回りしていた歯車がカチッとはまり、人生が大きく動き始めます。しかも、その過程は楽しさに満ち溢れています。

いろいろとお話ししていきますが、「わがままリスト」の具体的なやり方は第2章に書いています。第1章は、なぜ今までの成功ノウハウではダメなのか、という話が主になります。すぐに「わがままリスト」を実践したい人は、いったん読み飛ばしていただいてもかまいません。

「わがままリスト」を実践すると、必ず「あるイタズラ」をされるようになります。第3章はそのことについてご説明します。第2章の内容を実践した人は、ぜひ読んでください。イタズラへの対処方法を知ることで、人生はスカッと変わります。

基本的な「わがままリスト」のノウハウはここまでです。第4章は、「わがままリスト」を実践して、しばらく経ってから読むことをお勧めします。今、読者のみなさんが願ってもいないような場所へたどり着く方法です。

今を楽しむことで、未来も楽しくなる。そんな方法があることを、ぜひ知ってください。

やりたいことだけやって人生を良くするわがままリスト●目次

第1章

「意志力」のいらない成功法則

第2章 「夢」がなくても幸せになれる

第3章 超強力な「サポート役」の登場

第4章 「最高の世界」の住人になる

第 1 章

「意志力」のいらない成功法則

01

前世紀の生き方から卒業しよう

すでに始まっている世界の大きな変化

21世紀になって、最初の20年が過ぎました。

これからは、今世紀の特徴がどんどん出てくることになります。もちろん日本もそうなります。世界はすでに変わってしまっているのです。

この本は、新型コロナウイルス感染症のパンデミックの最中、日本で東京オリンピックが開催されている頃に執筆されています。

「アフターコロナ」という表現で、コロナ後の世の中がどうなるかという予測がされています。しかし、新型コロナによって世界が変わるというよりも、すでに始まっていた世界の大きな変化を、新型コロナがますます加速させるという表現のほうが正しいと思います。

その変化とはどういうものなのでしょうか。その変化によって、私たちはどのような影響を受けることになるのでしょうか。

20世紀はアメリカが世界を引っ張る、大量生産・大量消費の時代でした。

この時代の人々に求められていたのは、同じことを同じようにするという均質性でした。同じものを大量に作るためには、みんなが同じことをできなければいけなかったわけです。

そのため、働く人には、**決められたことを決められた通りにするための意志力が必要でした**。本書を通してお話ししますが、この**「意志力」がとても重要なキーワード**になります。

個人は組織のルールに従い、それができない人は変わり者として扱われることが当たり前でした。苦手なことでも、やりたくないことでもがんばって、なんとかこなさなければいけませんでした。

ところが、すでに大量生産・大量消費の時代は終わっています。生活必需品は世の中に行き渡り、物があふれる時代になりました。それなのに、私たちはいまだに均質性を大切にして生きています。

他人との違いが大事になる

今はニーズが多様化しています。みんなが同じものを欲しがるのではなく、違いが求められています。そのため、**これからは、「みんなが同じことを同じようにする」という前提が成り立たなくなります**。性格や才能によって、別々の動きをしていくことが求められる。他人との違いがとても重要になります。

この傾向はどんどん強くなっていくでしょう。21世紀は独自性が価値を持つ時代と言えます。

そこでは、組織やコミュニティの関係性も変化してきます。

20世紀まで、メンバーの独自性は、全体の足を引っ張る要素でした。ところがこれからは、それぞれの独自性が他人の足りないところを補い合い、新しい価値を生み出す可能性が出てきます。一見バラバラに見えるかもしれませんが、すべての人が独自性を発揮することで、全体が調和していきます。

さらにIT技術やネットワーク環境の発達が、この変化を加速させていきます。例えばITツールを使えば、複数のメンバーの意見を一瞬で「見える化」できます。意見にコメントを付けることも簡単。それぞれの違いを価値に転換しやすくなっていきます。

こうした変化に対して、「そんなことはわかっている」「当たり前のことだ」と感じる人もいるかもしれません。ところが**人間は、時代の変化に自分自身を合わせていくことが苦手な生き物**です。情報としては理解しているつもりでも、自分をそこに合わせることができる人は、ほとんどいないのです。

正しくパラダイムシフトする

今はまさに時代の大きな転換点です。それに合わせて「パラダイム」をちゃんと修正していくことが必要です。

パラダイムとは、自分の頭の中の枠組み、物事の見方や捉え方の基本となっているものです。

そして、**パラダイムは本来、時代に合わせて変化していくもの**です。

例えばこれまでは、新卒で就職した会社で定年まで働くなど、同じ環境で長い間がんばることが良いことと思われていました。これも一つのパラダイムです。シニア世代の人たちの中には、まだこのパラダイムが残っているのではないでしょうか。

しかし現在は、終身雇用、年功序列が崩壊したことで、転職することが珍しくなくなっています。

パラダイムを変えることを、「パラダイムシフト」と言います。すべての人が適切にパラダイムシフトをする必要があります。

均質であるために、意志の力で自分の独自性を抑え込んで、組織の歯車になろうとする。そうした生き方から卒業して、**21世紀流の成功を目指してみてはいかがでしょうか。**

02

夢を叶えるのは苦しいことではない

「どうせ自分の人生なんて変わらない」

本書のような自己啓発書やビジネス書に書かれる、「どうしたら幸せになれるか」「成功できるか」というノウハウ。こうした点でも、パラダイムシフトが必要です。

私はコンサルタントとして、長い期間「幸せになりたい」「成功したい」という人の相談に乗る仕事をしています。

幸せや成功を願う人であれば、避けては通れないとも言える、『7つの習慣』というすごい本があります（スティーブン・R・コヴィー著／キングベアー出版)。

私はその本のノウハウをもとに企業向けの研修として販売したり、子供向けに『7つの習慣』を教える事業を立ち上げたりしました。

大勢のクライアントと仕事をする中で、強く感じることがありました。それは、**今、世の中に出回っている成功ノウハウには、時代との大きな〝ズレ〟があるということです。**

そのズレのために、がんばってノウハウを実践してもうまくいきません。そうして別のノウハウに飛び付いても、やっぱりうまくいきません。

その繰り返しで、みんなちょっと疲れたり、あきらめてしまっていたりします。もっと言えば、**「どうせ自分の人生なんて変わらない」と思っている人が増えている**ように感じます。真面目に努力する人が、どんどんすり減っていく状況が続いているのです。

もちろん、時代が変わっても必要なことはあると思います。例えば『7つの習慣』でも語られている、人と信頼関係をつくり、有益なコミュニケーションを取ることです。

しかし、変えるべきところは修正していかなければ、せっかくの努力が無駄になるかもしれません。今のような時代の転換点であれば、なおさらです。

成功ノウハウと時代のズレ

時代は変わった。だから幸せになるため、成功するためのノウハウも、時代とのズレを修正しなければいけません。その〝ズレ〟についてもう少し具体的にお話しします。

20世紀には、みんなが均質性を求められ、決められたことをこなすために強い意志力が必要でした。この意志力と「ある幻想」が結び付くことで、とても厳しい現状が生み出されています。

突然ですが、**読者のみなさんの人生は満たされていますか？**

現在の平和な日本に生きていると、生命の危険を感じるということはあまりないと思います。

しかし、毎日が楽しくない、将来への不安や絶望感を抱えて生きているという人は意外と多いものです。自分の人生が完全に満たされていると感じている人は、ほとんどいないかもしれません。

みんな、何か満たされていないことを抱えて、どうにかしたくて、そのヒントを探しています。毎日の生活はどうにかなっているけれど、**「もう少しこんな風になればいいなあ」という気持ちが、心のどこかに引っ掛かっている。**

しかし、ではどうしたらいいのかがわかりません。そうして、いわゆる「成功本」を読む人もいると思います。

その本には、「まず大切なのは、目標を決めることです」と書かれていたのではないでしょうか。そして、こんなことが続けられていたのではないでしょうか。

「目標を達成するためには、こんなことをしていく必要がありますよね」
「目標を達成するために、細かく計画を立てましょう」
「計画を一つずつ実行して、努力を積み重ねて、目標を達成していきましょう」

細かい部分での違いはありますが、大筋として、「まず目標を設定する。そしてそのための計画を立てて実行し、目標を達成する」というやり方が主流です。

これが、前世紀に出来上がったノウハウの核心部分です。

努力できる人しか幸せになれないのか

目標を立てて、計画的にやることを決め、一つずつ実行しよう。そんなことを言われても、多くの人はできませんよね。

そして、できない人は「なぜできないのか」と考え、「自分の意志が弱いからだ」と結論付けてしまいます。同じノウハウで目標を達成する人も、少なからず存在するからです。

意志が強ければノウハウを実践できるし、意志が弱ければできない。結局、成功できないのは自分の意志力が弱いからだと考えて、「また目標を実現できなかった」ということになります。

このように、**意志力の弱さや努力不足を理由に、自分を責める人がとても多い**。そして、意志力の弱い自分には、夢を叶える資格などないとあきらめてしまいます。

結論から言えば、**自分の人生が望んだ通りになっていなかったとしても、それは意志力が弱いからではありません。**

人並み外れて意志力が強く、どんなことでも実現させてしまうような人がいるのは事実です。しかし、だからといって、それ以外の人は幸せになれないのでしょうか。自分の意志力の弱さを責めて、夢見ることをあきらめなければいけないのでしょうか。

03 人は目標を適切に設定できない

前世紀型ノウハウの前提にある幻想

目標を決めて、計画を立て実行していくという前世紀的なノウハウ。問題なのは、計画通りに実行できない意志力の弱さではありません。

そもそも、設定した目標に問題があります。目標のピントがズレてしまっているから、計画もズレてしまい、実行することが難しくなります。

先ほど、意志力と「ある幻想」が結び付くことで厳しい現状が生まれているとお伝えしました。その幻想とは、**「人間は目標を適切に設定できる」という**

前提です。この幻想から目を背けているということこそが、いちばんの問題です。

「人間は目標を適切に設定できる」という前提は、セミナーやコンサルティング、コーチングなど、成功ノウハウを提供している人たちからすれば、大変便利なものです。結果を出せないクライアントがいても、自分の意志力の弱さを原因にしてくれるのですから。

成功ノウハウを提供する仕事をしている人にとって、この幻想が壊れてしまっては大変です。自分たちのノウハウやテクニックが機能しなくなってしまうわけです。

人が目標を適切に設定できないことを認めてしまえば、目標を設定するところから始めなければいけなくなります。しかしこの部分は個人差が大きく、人によって必要な時間がまったく違います。

そうなると、セミナーやコンサルティング、コーチングの時間枠でコントロールするのが難しくなります。また、クライアントの目標設定を上手にリードできる、本当のプロが少ないということもあります。

結果的に、挫折《ざせつ》してしまう人が増えます。そうして、**「意志力」というキーワードに、すべての罪がなすり付けられます。**こうしたかたちのまま時代は21世紀に入り、最初の20年が過ぎたのです。

会社で押し付けられる無理な目標

「人間は目標を適切に設定できる」という幻想が残されているのは、会社経営でも同じです。経営陣が現実とズレた目標を設定して、社員たちにしわ寄せがくる。これまで、多くの企業に見られたかたちです。

売上目標であれば、まず経営層が会社全体で必要な数字を決めます。それが各部門に降り分けられて、それぞれの目標になります。そこから前年実績や年次によって、個人に割り振られていくことになります。

しかしそもそも、会社全体の売上目標が、「前年比でこれくらい成長していないとまずいのでは」と決められることも少なくありません。上場企業であれば、株価も気になるでしょう。いずれにしても、現実的な数字ではない場合が多くなります。

そうして**個人の目標にまで落とし込まれたときには、「とてもじゃないけど達成するのは無理だ」というような数字になる**こともあります。

それでも、決められた目標を追い掛けなければいけません。その目標が賞与や昇進とつながっているわけですから。**「達成するのは困難だ」「意味のない努力をしているのでは」と感じながら、上司のプレッシャーを受けてがんばる**わけです。

そうは言っても、上司に向かって、いきなり「自分は21世紀流にパラダイムシフトをしました。もう無理な目標を追うのはやめます」とは言えないでしょう。

しかし、**個人としての生き方は別**です。

そろそろ、そんな苦しいやり方からは卒業しましょう。意志力の弱さを理由に幸せをあきらめることは、もうないのです。

なぜ「引き寄せの法則」でうまくいかないのか

ここ10年ほどは、意志力に頼る方法だけではなく、「毎日を、ただ気分良く生きましょう」「実現のイメージさえしていれば、うまくいきます」というようなノウハウ本もたくさん出てきています。アメリカでブームになった「引き寄せの法則」の流れのものですね。

引き寄せの法則について、私は否定しません。むしろ上手に活用できれば大きな力になると考えています。

しかし、残念ながら実際には良い結果につながらない場合が多い。だからこそ、少しずつ内容がアレンジされ、成功に関係する本が次から次へと出版されているわけです。

だいたい、今の状況に不満があるのに、気分良く過ごせと言われてもそうはいきません。**気分良く過ごすためには、気分が良くなる理由が必要**です。

さらに言えば、引き寄せの法則は20世紀型の成功ノウハウとは真逆のように見えますが、最初に目標を設定するというところは同じです。意志力のせいにすることがなくても、**適切な目標設定ができていないため、結局空回りするという点では違いありません。**

引き寄せの法則は、人間の意識の深い部分を使うノウハウです。このこと自体はとても効果的で、パワフルに人生を変えてくれます。ただし、**誰にでもできる方法になっているとは言えないのが現実**です。

その点、**「わがままリスト」**では、**意識の深い部分を無理なく活用できるよ**

うになります。今は実感できなくても、実践すれば、そのことを必ずわかってもらえるはずです。

04

「人生を懸ける夢」なんてわからなくて当然

可能性が360度に広がって見える社会

ここまで、人間は目標を適切に設定できないということをお伝えしました。

私がこの事実の表れだなと感じるのが、**やりたいことがわからなくて悩む人がとても増えている**ことです。

自分が何をしたらいいのかわからない。人生の目標が見つからない。人生を懸ける夢なんて見当もつかない。自分探しをしてみたけれど……。この本を読んでいるみなさんにも、そういう人は多いと思います。

10年以上前になりますが、とても印象深いCMがありました。女優の菅野美穂さんが演じていた、大手通信講座のものでした。

オフィスの廊下で、菅野美穂さん演じる派遣社員が、気難しそうな年配の男性社員とぶつかり、バッグを落とします。そのバッグからインテリアコーディネーター資格取得のテキストがこぼれてしまい、気まずい雰囲気になります。男性社員はバッグからこぼれたものを拾いながら、ひと言、「がんばれよ」と優しく声を掛ける。そんな展開でした。

当時、時代の変化を上手に捉えたCMだと感心しました。なぜ派遣社員のバッグから資格取得のテキストが出てきたら気まずい雰囲気になるのか、もしかしたら、今の若い人たちは理解できないかもしれませんね。


派遣社員が資格を取って、自分のやりたいことを仕事にする。そんなの無理だろうという風潮が、日本にも少し前まであった。

今、そんなことを言う人はいないでしょう。誰もが自分のやりたいことを選択できるというのは、すばらしいことです、しかし、その自由度は急激に高くなりました。そのことが、逆にやりたいことが見つからない理由にもなっています。

今の世の中には、たくさんの情報が飛び交っています。ちょっと興味を感じる仕事があれば、ネット上でいくらでも情報を集めることができます。ひと昔前なら、その仕事に飛び込んでみなければつかめなかった情報に、自分の部屋から簡単にアクセスできる。

とても便利にはなりましたが、「これやってみようかな」という選択肢は増える一方です。

さらに、日本の社会はどんどん選択の自由が強調されるようになっています。「好きなことをやって生きよう」「会社を辞めてフリーになるのがいちばん安全」。新しい世界に飛び込むことに大きなリスクはなく、事前の準備も大して必要がないように見えます。

あらゆる世界に飛び込むことができて、そこでしっかりやっていくことも簡単そうに見える。まるで360度に可能性が広がって見える世の中になったのです。

もちろん、好きなことをやったり、フリーになったりする人の中にも、成功者はいます。しかし、**実際に飛び込んでみると、すぐに行き止まりになる可能性が高いのが現実**です。

どんな分野でも先人がいます。ちょっと始めてすぐうまくいくなんて、あり得ません。入ることは簡単でも、その中で経済的に自立することは困難な場合が多いのです。

夢を自覚できるのは限られた天才だけ

ビル・ゲイツはすべての人がパソコンを使って楽しく暮らしていく、という夢を大学在学中に思い描き、マイクロソフト社を起業しました。

当時のパソコンは今とは比べ物にならないほど操作が難しく、専門的な知識がないと動かすことができませんでした。10代前半にコンピューターと出会ったビル・ゲイツは、最終的に名門ハーバード大学を中退して、この夢に懸けることになります。それが現在のＩＴ帝国をつくり上げていくのですから、すごいことです。

すでに亡くなっていますが、スティーブ・ジョブズも人生の早いタイミングで自分の進む道を定めています。日本でも、将棋界の藤井聡太さんは、本書の執筆時点でまだ10代です。本当にすごいと思います。

こうした成功談も、世の中にあふれています。学校教育や世の中の風潮としても、「とにかく目標を掲げよう」という話が出てきます。だから**目標を立てて達成することを、誰にでもできることだと誤解する人たちもいます。**

しかし、人生を懸ける壮大な夢を、早いタイミングで「これだな」とわかってしまう、そしてそれに向かって進んでいくことができる、こういう人たちは、限られた天才だけなのです。

「人の役に立つ仕事がしたい！」って本当？

近年の若い人たちの情報発信を見ると、「途上国の人たちを助けたい」「世の中の差別をなくしたい」といった、とても志の高い話が多いと感じます。

それらの夢をひと言で表すと、「人の役に立つ仕事をしたい」ということだと思います。豊かな国に過ごすことで育まれた、すばらしい価値観だと思います。

もちろん、心の底から人の役に立つ仕事をしたいと考える人もいます。一方で、それは本当に本人のやりたいことなのだろうかと感じることもあります。

どんなに高い志であっても、自分が本当にやりたいこと、**熱意をもって取り組めることでなければ、結局、自分の意志力との戦いになってしまいます。**そうして、厳しい苦労が必要な道を歩くことになります。当然、挫折してしまうこともあります。

自分の内面から自然と浮かび上がってくるようなものを「夢」と自覚できればいいのですが、現代社会ではそこにいろいろな雑音が入ってきます。「自分の欲を追い掛けるのはカッコ悪い」という風潮もあるでしょうし、志の高い夢に誘導する社会の圧力のようなものを感じることもあります。

今はSNSによって、成功している人の発信する情報に簡単に触れることができます。彼らは、「自分はこんなことにチャレンジしようと思っている」「過去にこんなことを実現させてきたからこそ、今の自分がいる」などといったことを発信します。

ただし、**すでに成功者と呼ばれ、さらに大きく成功していこうと考えている人が発信する情報は、相当に演出されています。**自分に興味を持つ人たちをファンにして囲い込むために、情報発信がされていることもあるのです。

もちろん、本当にその人を応援したいのであれば問題ありませんが、そこをしっかり考えられないのは危険です。**「なぜこの人はSNSでこういう情報発信をしているのか」「その目的は何なのか」**ということを考える習慣を持つべきです。

発信をそのまま受け取ると、「自分も同じようなことをやりたい」「同じ夢を見たい」というように、他人の夢に引きずられてしまいます。そうして、自分の時間やお金、エネルギーを奪われる人生を送ることになります。

これだけ選択肢が幅広くある日本で、人生を懸ける夢など、わからなくて当然。さらに、他人の夢に引きずられてしまうような情報も飛び交っている。その中で、自分のやりたいことを見つけ、追い掛けていくのは、なかなかに大変なのです。

05 夢を実現させられない「ガチガチ」な人

同じ毎日の繰り返しが頭を硬直させる

可能性が大きく広がっているように見える社会で、他人の意図に取り込まれずに「人生を懸ける夢」を見つけることは難しい。これを認めることから始めましょう。

読者のみなさんは、毎日をどのように過ごしていますか?

毎日決まったことを、無意識に繰り返していませんか?

会社に勤めている人は、毎朝、同じ時間に起きて、出社して、仕事をして、同じ時間に帰宅します。そして、わずかな自由時間を過ごして、また次の日のことを考えて、寝る。毎日がその繰り返しという人は多いと思います。

しかし、その状態が長い間続くと、頭と心の奥が、気がつかないうちに**「ガチガチ」**になってしまいます。

疲れた身体をそのままにしていると、奥のほうがジーンと凝ってしまうことがありますよね。同じように、心と頭も、疲れたままに放置していると奥のほうが凝り固まってしまいます。「楽しいことをしよう」「新しいことにチャレンジしよう」ということを考えづらくなります。特に若い人にこの傾向が強いと思います。

そしてさらに、**現代社会の情報量の多さが拍車を掛けます**。

たくさんの情報が入ってくると、脳の情報処理が追いつきません。いろいろな選択肢の中から自由に選んでいるようで、選ばされているように感じる。そんな生活が続いている人が多いと思います。

この状態を、私は**「オーバーフロー」**と呼んでいます。

人はいったんオーバーフローに陥ってしまうと、なかなか自力では抜け出せません。そして、オーバーフローの状態が、ガチガチをさらに悪化させるのです。


毎日の生活に変化がなく、**ガチガチな人生を送っている人は夢を実現させることができません。**もちろん、同じことを繰り返す生活が楽しくて仕方ない、ということであれば、ガチガチとは違うかもしれませんんが。

冷静に考えてみれば、当たり前です。今より幸せになりたい、**成功したいというのは、言い換えれば「変化したい」ということ**です。それなのに変化を拒むというのは、大きな矛盾です。

しかし、みんなそのことに気づいていません。現状を変えたいと思っても変えられない。毎日ちゃんとがんばっているのに、幸せになれない。そうして**中身のない悩みが、どんどん大きくなってしまう**のです。

自分の環境が正しいかどうかもわからなくなる

現在の日本社会では、努力が正しく報われるのは大学受験までです。その後、就職したり自分でビジネスを始めたりすると、不条理なことや偶然性に振り回されることになります。就職活動でその苦しみを味わったという人も、少なくないのではないでしょうか。

努力することに意味がないと言っているのではありません。矛盾するようですが、**努力は大切です。成功する確率を上げてくれます。しかし、努力は必ず報われるというものではない**のです。ロシアンルーレットやギャンブルのように、偶然性に左右されることは否定できません。

成功するために重要なことは、努力が報われる可能性が少しでも高い環境に自分を置くということです。

他人にとって努力が報われる環境が、自分にとってもそうとは限りません。

一見ブラックに思える会社でも、「仕事を早く覚えて独立するために、若いうちは仕事漬けでもいい」という人にとっては最高の環境です。しかし、自分のペースで趣味や休日を楽しみたいという人にとっては、最悪です。

自分に合わない環境は、どんどん時間やエネルギーを奪っていきます。必要なら環境を変える決断をするべきです。そうでなければ、壁にぶつかるごとに意志力の弱さや努力不足を痛感して、自分を責めるようになります。上司やお客さんからダメ出しされて、苦しむこともあるでしょう。

とても難しいことですが、ここを見極めなければなりません。そのためには、自分を知る必要があります。自分の性格を知るというような抽象的なことではありません。**その環境の中にいて感じる違和感や理不尽なことが、自分の未来の役に立つことなのかを考える**ということです。

今から未来へと楽しさがつながるループへ

ガチガチの状態では、自分を見極めることも、それを受けて環境を変えることもできなくなってしまいます。

なんで自分はこんなことをしなければいけないのだろう。納得がいかない。でも、毎日決まりきったことを繰り返さなければいけません。そうして、感情を押し殺して生きていくようになります。

感情が動かない日々は、人からエネルギーを奪っていきます。モチベーションが上がらないと言い換えてもいいかもしれません。

ブラック企業で心身をすり減らす人に対して、「辞めればいいだけ」という意見が出てきます。しかし、**辞めるという行動を起こすエネルギーもなくなってしまう場合があります**。

辞めるという変化をつくり出すことができずに、毎日同じことを繰り返し、頭と心の奥をガチガチにして過ごしていく。そうして限界を迎えると、病気になってしまいかねません。

こうした状態では、**「今」を楽しむことができなくなります。**将来への不安で心が満たされる。「嫌だけど、今これをしておかないと後で困ることになる」という考えに追い回される。やるべきことのために今を犠牲にし、それを続けることで未来も犠牲になるという負のループが待っています。

どうせループするのなら、楽しいループのほうが良いですよね。目標を適切に設定できなくても、やりたいことがわからなくても、**今を楽しみ、その楽しみが未来へとつながっていくような展開を生み出していきましょう。**

06

「わがままリスト」で「ガチガチ」をゆるめる

自分の内側から頭と心を揺さぶる

人生を変えていくことには、大きなエネルギーを必要とします。しかし、「ガチガチ」が続くと、エネルギーがどんどんなくなっていきます。これでは最初の一歩を踏み出すこともできません。

ガチガチを解消するためには、自分の内面から頭と心を適度に揺さぶる必要があります。

身体が凝っているなら、指圧やマッサージという手段があります。しかし、ガチガチは頭と心の問題です。直接触ってほぐしていくことはできません。
そこで、内面からアプローチします。自分の内面から揺さぶることで、変化しやすい体質に変えます。

揺さぶると言っても、ジェットコースターのようにドーンと揺さぶるのではありません。電車やバスに乗っているときに感じるような、心地良い感覚が大切です。

「わがままリスト」を実践することで、内面から心地良いペースで揺さぶられます。頭と心が奥からゆるみ、ガチガチが解消されます。毎日がだんだん楽しくなり、自然とエネルギーが満ちてきます。それが、**夢を実現させる最初の一歩**なのです。

夢が勝手に浮かび上がってくる

先ほど、「人生を懸ける夢なんてわからなくて当然」という話をしました。これは、「ある条件」をクリアしていないからです。

ガチガチの人生を送っているところから、内面を揺さぶられて、どんどんゆるみ、ある条件が満たされる。すると自分の内側から少しずつ「こんなことしたいな」「あんなことをやりたいな」という夢が浮かび上がってくるようになります。大きな夢もあれば小さな夢もあるでしょう。

しかも、**努力をしなくても勝手に浮かび上がってきます**。そして、この内側から生まれたものに取り組むことで、**今まで空回りばかりだと感じていた人生が、音を立てて動き始めます**。歯車がカチっとはまったように。

その先に、自分だけの独自性が待っています。動き始めた流れに身を任せていれば、独自性にたどり着き、人生で何をすればいいのかを知ることができるのです。

その「ある条件」については、次章でお話しします。「わがままリスト」を実践することで満たされる条件です。

「わがままリスト」は、気楽に試すことのできる方法です。用意するのは、ノート一冊とペンだけ。ノートに書くのが面倒に感じるのなら、スマホのメモアプリでも問題ありません。

多くの時間を使う必要もありません。最初は、簡単なリストを作るだけです。「ちょっとした時間を使ってやってみよう」くらいの気持ちで大丈夫です。

「やりたいことがない」

「人生を懸ける夢がない」

「目標がない」

今、そう感じていたとしても、気にしないでください。自分の人生が楽しく素敵な方向に変わる。やりたいことが内側から浮かび上がってくる。そんな体験をしたいのであれば、次の章に進み、「わがままリスト」を実践してみてください。

この章のざっくりまとめ

① 21世紀になって時代は大きく変化したのに、みんな適切なパラダイムシフトができていない。

② みんな結果を出せないことを意志力の弱さのせいだと考え、自分自身を傷つけている。

③ 人間は目標を適切に設定できない生き物である。

④ 早い段階で「人生を懸ける夢」がわかるのなんて、一部の天才だけ。

⑤ みんな同じ毎日の繰り返しで、頭と心の奥が「ガチガチ」になっている。

⑥ 「わがままリスト」で頭と心をゆるめれば、夢が浮かび上がってくる。その夢に取り組むことで、人生が動き出す。

第2章

「夢」がなくても幸せになれる

07

さあ、「わがままリスト」を始めよう

どこでやっても大丈夫

現代は、やりたいことがわからないという人がとても多い。私はコンサルティングやセミナーを通して、そんな人でも、幸せになる方法が必要だと考えていました。また、20世紀型の成功法則との架け橋になるようなノウハウの必要性も感じていました。

「わがままリスト」は、そんな中で開発した方法です。自分のやりたいことを書き出し、簡単なリストを作成します。その後、リストに沿っていくつかの作業を行います。

キレイなものでなくていい、カッコつけなくていい、自分の独自性を追求する、今の自分のままで人生は良くなる。そうした意味を、「わがまま」という言葉に持たせています。

さっそく、「わがままリスト」を始めてもらいたいのですが、その前によく質問されることをお伝えしておきます。

まず、どこで「わがままリスト」を作るかです。

自宅でもかまいませんし、お気に入りのカフェやホテルのラウンジでも大丈夫です。**大切なのは、ゆったりとリラックスして取り組めること**です。落ち着いて作業できるのなら、キッチンのテーブルでも、公園のベンチでもかまいません。

また、時間としては、**最低でも1時間くらいは確保**してください。1時間で終わらなければ、そのまま続けてもいいですし、いったんやめて、後で再開してもかまいません。何度か繰り返すうちにだんだん自分のペースがつかめて、ちょうどいい時間で作業ができるようになると思います。

ノートでもスマホでもＯＫ

道具としては、**ノートにボールペンで書いていくのが、シンプルで取り組みやすい**と思います。「わがままリスト」を実践している人たちの中には、いわゆる「ノート術」が好きな人もたくさんいます。「モレスキン」など、お気に入りのブランドのノートを使って、楽しくきれいにリストを作っています。

ただ、普段メモなどをスマホで済ませているという人もいると思います。その場合は、**スマホのメモ機能を使うのでも大丈夫**です。準備が必要なく、いつでもどこでもできるという利点があります。

ノートとスマホ どっちがやりやすそう？

ノート

長所	短所
・「やりたいこと」を書き出しやすい	・ノートを準備（購入）しなければいけない
・お気に入りのノートで気分が上がる	・順番を入れ替えるなどの編集がやりづらい
・後から見直すときわかりやすい	・ノートをなくしてしまう可能性がある

スマホ

長所	短所
・スマホがあれば、ほかに何も準備しなくていい	・リストを一覧できない
・順番を入れ替えるなどの編集がカンタン	・後から見直すとき少し不便
・なくしてしまう可能性が低い	

両方試してもらうとわかりますが、ノートにはノートの、スマホにはスマホの良さがあります。それぞれの長所と短所について、前ページに簡単にまとめました。また、タブレット端末やパソコンを使用すると、スマホの短所が気にならなくなります。

お気に入りのノートで始めたいという人はそれでもいいし、気楽に始めたいという人はスマホのメモアプリで大丈夫です。普段からタブレットやパソコンで作業することが多い人はそちらで。自分の生活スタイルにしっくりくるものを選びましょう。

あれこれ悩まずとにかく始めよう

元も子もない言い方になってしまいますが、こうした**ワーク系の本を読んだとき、実践しない人も多い**と思います。「やった結果どうなるか」「どのように自分の考え方が変わるか」については本に書いてあるので、その上澄みのようなものを知っただけで、すべてを理解したつもりになります。

そうした本の読み方が悪いと言いたいわけではありませんが、少なくとも「わがままリスト」に限って言えば、**実践するのとしないのとでは、天と地ほどの差があります。**

それは、どれだけ文章で説明しても説明し切れるものではなく、「とにかくやってみてください」としか言いようがありません。それでも、**「わがままリスト」を続けていけば必ず人生に変化が訪れる、このことは約束できます。**

また、「ノートにしようか、スマホかな」「今日しようかな、明日の夜かな」と迷う人もいます。**人間は、最初に何か迷うことがあると、その決断のために時間を空けてしまい、結局やるべきことを忘れてしまいます。**

過去を振り返ってみると、そうしたことも多かったのではないでしょうか。「やろうかな」と思ったときにやる。これは「わがままリスト」に限らず、自分を成長させたり周囲の環境を変えたりするときの鉄則です。

高いお金を払うわけではありません。場所は自宅でもカフェでもかまいません。今この本を読んでいる、その場所でやればいい。おしゃれなノートが手元にないなら、使い古しのノートで始めましょう。また街に出たときにお気に入りのノートを買って、途中で変えても問題ありません。

最低でも1時間と言いましたが、その1時間が来週になってしまうくらいなら、30分でもいいので今日始めてください。そこで雰囲気をつかんで、来週またやればいい。**ぜひ、今すぐに実践してみてください。**

08 「お寿司食べたいな」から始めよう

「やりたいこと」を100個書く

さあ、それでは「わがままリスト」を始めてみましょう。

まず、今思いつく「やりたいこと」を100個書き出します。

「将来こうなりたい」「こんなことを実現させたい」というような大きな夢があれば、もちろん書いてください。前章で「人の役に立つ仕事がしたい」というのは自分の本当の気持ちなのか」という内容を書きましたが、ここでは深く考える必要はありません。

「わがままリスト」を続けていくと、その夢が自分にとって本物なのかどうかがわかるようになっていきます。この段階では、**とにかく自分が思う夢を書きましょう。**

ただ、それ以外にも「やりたいこと」があるはずです。**取るに足らないと感じるようなことでも大事な願い**です。

実現できるかどうかは気にしなくて大丈夫です。例えば、「あこがれの芸能人に会いたい」といったように、どうすれば実現できるのかわからないことも、「学生時代の友人に最近会えていないから、電話したい」といったことも、書き出していきます。

小さな「やりたいこと」も丁寧《ていねい》に拾い上げていくのがポイントです。もっともっと身近なことも書いてみてください。

「おいしい焼肉食べたいな」

「テレビで紹介されていたお店でお寿司を食べてみたいな」
「気になっていたコンビニスイーツが食べたい」
「今上映中の映画を観たい」
「マッサージに行ってみたい」

難しく考えず、どんどん書き出してください。私もこの原稿を執筆している最中、「わがままリスト」にこんなことを書きました。

「新しく近所で見つけたレストランに行く」
「近所にオープンしたふくろうカフェに行く」

ただし、**単純な「用事」は書かないようにしてください**。例えば、「洗面所の電球が切れてしまったので買いに行く」というのは、スケジュール帳に書くようにしましょう。

「わがままリスト」に書き出す「やりたいこと」の条件は一つだけ。それが実現したときのことを考えたら、「嬉しい」「幸せな気分になる」というように、心が喜ぶものであることです。

「欲しい」「なりたい」もOK

「やりたいこと」を考えていくと、「欲しいもの」も頭に浮かぶと思います。

「あのブランドのバッグが欲しい」
「こんな時計が欲しい」
「スマホの最新機種が欲しい」

こうしたことも遠慮なく書いてください。

金額的に無理があるものや、将来欲しいものでもかまいません。

「夜景の見えるマンションを買いたい」

「一軒家を建てたい」

「あこがれのスポーツカーが欲しい」

「素敵な恋人が欲しい」といったことも、ぜひリストに入れてください。


また、**「こうなりたいな」といった自分の理想像もリストに入れてください。**


「職場の後輩たちから尊敬されるような存在になりたい」

「仕事をバリバリできるようになりたい」

「上司から信用されて、大事な仕事を任される人間になりたい」


いろいろ思いつくと思います。

ほかには、スキルアップに関することもいいでしょう。読書をしたいと思っているけれど読むスピードが遅いので、「早く本を読めるようになりたい」とか、「苦手な英語を話せるようになりたい」「中国語も話せるような自分になりたい」といったことです。

テレビや雑誌から探してもＯＫ

こうして１００個書いていくわけですが、次から次へと書き出せる人もいれば、いろいろと考えこんでしまう人もいます。

私がコンサルティングをする場合にも、「夢を１００個書いてほしい」といきなり言われても、なかなか書き出せないという人のほうが多数派です。正直に言うと、慣れていない人が１００個書き出すのは、けっこう大変です。

どうしても出てこないときは、いったん書く手を止めましょう。書き始めたら必ずそのときに終わらせなければいけない、ということでもありません。

気分を変えて、テレビでもつけてみてください。ワイドショーや情報番組を見ると、おいしいお店の情報やデパ地下の様子など、「やりたいこと」のヒントがいろいろと見つかると思います。

手近に雑誌があれば、めくってみましょう。

「あー、こんなものを食べたいな」
「ここに行ってみたいな」
「ここに恋人と行ったら楽しいだろうな」
「こんな所へ旅行してみたいなあ」

いろいろ感じると思います。その内容を書き出してください。

SNSを見て連想するのでもかまいません。誰かに「どこかへ遊びに行くとしたら、どこに行きたい？」と聞いてみてもいいでしょう。「〇〇に行ってみたい」と言われて、自分もそこに行きたいと思ったら「△△君と○○に遊びに行く」とリストに加えましょう。

最初から完璧を目指してしまえば、苦しいがんばりに逆戻りです。気楽にどんどん書いていけばいいのです。

それでも「やりたいこと」が100個に届かないという場合のサポートとして、簡単な質問集を紹介します。質問の一つひとつを読む中で、「あ、これもあった」「これも欲しい」と感じることを、リストに加えていってください。

旅行に関する質問

- 行ってみたい観光名所は?
- まだ訪れていない都道府県は?
- 行ってみたい国は?
- 訪れてみたい世界遺産は?
- 見てみたい風景は?

身体に関する質問

- 健康について改善したいことは?
- 改善したいコンプレックスは?
- 理想の外見は?
- 髪型やファッション、メイクをどう変えたい?

人間関係に関する質問

- 理想とするパートナーとの関係は?
- 結婚についての望みは?
- 出産や子育てについての夢は?
- 理想とする友人関係は?
- 会いたい人は?

仕事に関する質問

- なりたい職業は?
- 仕事でのこだわりポイントは?
- 仕事で嫌なことは?
- 仕事を通じてどうなりたい?

「やりたいこと」を引き出す質問集

欲しいものに関する質問

- 欲しいパソコンやスマホ、タブレットなどは?
- 欲しい服やバッグ、時計などは?

グルメに関する質問

- 行ってみたいご飯屋さんは?
- 食べてみたい料理は?
- 調理にチャレンジしたい料理は?
- 食べてみたいお取り寄せは?

本や映画、ゲームなどに関する質問

- 読みたいのに読めていない本は?
- 興味があるのにまだ観ていない映画は?
- 楽しんでみたいゲームは?

趣味に関する質問

- 上達したいスポーツは?
- チャレンジしてみたい楽器は?
- その他、試してみたい趣味は?

住居に関する質問

- 住みたい街は?
- 希望のロケーションは?
- 住みたい家の間取りは?
- どんなインテリアでまとめたい?

09

人には言えない「わがまま」も書く

今の気持ちに正直に書く

自分が「やりたいこと」や欲しいもの、なりたいと思っている理想像を、100個書き出す。数が届かない場合は、テレビや質問集を参考に考えてみてください。

どんなことを書いてもいいのですが、大事なのは、「今の気持ちに正直に書く」ことです。いざ、「わがままリスト」を書こうとすると変に身構えてしまい、本当の気持ちではないことを書く人がいます。嘘とまでは言いませんが、

無意識にカッコつけてしまうのですね。

例えば、「もっとゲームをしたい」と思っているのに、「資格取得のために時間を有効に使いたい」と書く。

資格を取りたいのであれば、そう書くこと自体は問題ありません。問題は、「もっとゲームをしたい」という気持ちを抑えてしまうことです。この場合は、「資格取得のために時間を有効に使いたい」と「もっとゲームをしたい」の両方を書いてください。

また、**遠い将来のことばかりが書かれていることもよくあります。**

例えば、20代の人が「素敵な老後を過ごしたい」と考えていたとします。もちろん、それが今の正直な気持ちなら問題ありません。素敵な老後の夢も書き出してください。

ただ、**夢のリストの大半が遠い未来のことだったら、もう少し今に目を向けてみましょう。**もっと近い未来に実現させたいことが、たくさんあるのではないでしょうか。今の自分自身が求めていることを、大切に拾い上げてください。

「寝たい」「お金欲しい」「ラクしたい」

自分の気持ちに正直に書くというのは、**「こんなことを書くのはやめておこう」と抑えつけてしまわない**、ということでもあります。

改めて、本書のノウハウは「わがままリスト」です。こんな名前を付けるくらいですから、**わがままを書いていいのです**。

「もっとたくさん寝たい」
「満員電車に乗りたくない」
「仕事でもっとラクしたい」
「家事を全部やってくれる人が欲しい」
「働かずにお金が欲しい」

「こんなことを願ったらダメなんじゃないか」と思うことでも、どんどん書きましょう。自分の中に眠っている「わがまま」をすべて引っ張り出してください。しがらみの多い世の中で生きる現代人が、自分の内面と向き合うためには、わがままになるくらいでちょうど良いのです。

「自分には不相応だ」「どうせ無理に決まってる」。こんな制限も必要ありません。ある程度の年齢になれば、常識にとらわれたり、人目を気にしたりするようになるものです。自分の社会的ポジションを考えて、「夢と言ってもせいぜいこのくらいだろう」と低く見積もってしまいます。

ここでも、わがままになりましょう。「総理大臣になりたい」でも、「起業して上場する」でも、40歳の人が「アイドルになりたい」でもいい。その願いとどう向き合うかは、この後に考えればいいのです。

不道徳なことも書いてしまう

自分の気持ちに正直に、わがままに書く。それでも、「こんなこと、書いてもいいのかな」と迷うことがあると思います。簡単に言えば、「不道徳な内容」です。究極のわがままと言えるかもしれません。

そうしたことを書くべきかどうかの答えも、「今の自分の気持ちに正直に」ということに尽きます。「わがままリスト」は、人に見せるものではありません。**「道徳的にちょっとなあ」と思うようなことを書いても、問題ありません。**

例えば好きな人がいて、その相手は結婚している。そんな事情であっても、気にせず「○○さんと結ばれたい」と書いてください。

もちろん、不道徳なことを勧めるわけではありませんし、法律を犯すようなことを書くのは問題です。ただ、今の自分の気持ちに正直に、自由に書いてほしいのです。

私は、昔から「わがままリスト」の原型のようなノウハウを試していました。ずっと若いときからやっていますが、人には見せられないことをたくさん書いています。

後にコンサルタントとして人と接するようになってわかったのは、人生がうまくいく人の共通点です。成功するのは、「道徳的にどうなのかな」と思うようなことでも、バンッとリストに書いてしまえる人のほうが、圧倒的に多い。書いたときに「自分の本当の気持ちがわかったような気がする」と言う人もいます。普段は表に出さないようにしていた、自分の内面のわがままや不道徳な願いを言葉にする。その過程を通して、自分自身をより深く知ることができたということなのでしょう。

リストを書き出す段階で、どれだけ正直に、わがままでいられるかで、「わがままリスト」の効果は大きく変わっていきます。リストを発表したり人に見

せたりすることはありません。ただ「やりたいこと」をノートに書き出してい
るだけです。やりたいことはやりたい、欲しいものは欲しい。そうしたわがま
まを、正直に書きましょう。

10 「やりたいこと」を仕分けする

リストに書かれたことが今の自分

改めて、自分の書いたわがままリストを見てみましょう。「人の役に立つことがしたい」など、志の高いことが書かれている一方で、身近なわがままもたくさん書かれていると思います。人には言えないようなことも、書いてあるかもしれません。

語弊を恐れずに言えば、「わがままリスト」に書かれているものの集合体が、今の自分、本当の自分です。高い志を持つのも、自堕落に生きたいと思うのも、人には言えない願いを持つのも、全部、自分です。

100パーセント志の高い人というのは存在しません。逆に、100パーセント自分のエゴを満たすために生きている人もいないものです。

これを知ることが、スタートラインです。現在地点をはっきりと認識できていなければ、自分を変えていくことはできません。東京に行きたいと思っても、自分が今、仙台にいるのか大阪にいるのかで目指す方角はまったく変わってきます。

自分はどんな人間なのか、何を求めているのかを、潜在的な部分まで深く知らなければ、変化を生み出すことはできません。少し乱暴な言い方をすれば、いかに自分のことを深く知っているかで、人生の質は変わるのです。

「わがままリスト」を書くことで、等身大の自分を認識することができます。その等身大の自分をどのように変えていくのか、ここからお話ししていきます。

100個の夢を書き出せたら

書き出した「やりたいこと」が100個に届かなくても、最初のチャレンジだった場合は、深刻に考えないでください。「わがままリスト」は一度書いたら終わりということではなく、定期的に繰り返します。回数を重ねるごとにスムーズに書き出せるようになります。

まずはがんばって**70個書き出せたら、次のステップに進みます**。逆に「やりたいこと」をたくさん思いついて、100個に収まらないという人もいると思います。その場合、**150個以下なら、これも次のステップに進みます**。

中には、「やりたいこと」が150個を超えて並んでいる人もいるかもしれませんね。いきなりそんなにたくさん書き出せたのなら、すばらしいことです。

何気ない作業のようですが、自分の内面を言語化するというのは、難しいことです。

最近は、ブログやSNSなどで文章を書く機会も増えて、文章力が注目を集めています。「わがままリスト」を繰り返すことで、そのトレーニングができているとも言えます。

さて、**150個を超えて書き出した場合、せっかくですが、150個まで絞り込んでください。**優先順位の考え方としては、時間順です。5年後に実現したら嬉しいことよりも、1カ月後に実現したら嬉しいことを優先します。

それでも選べない場合は、実現のハードルが低い順で決めてください。さらに迷うようであれば、自分にとってどのくらい大切か、その気持ちの大きさで絞り込んでください。

「今すぐの夢」と「いつかの夢」に分ける

ここから先は、書き出した「わがままリスト」について簡単な作業をします。

まずは並んでいるリストから**「その気になれば今すぐに実現できること」をピックアップ**してください。

例えば、「○○の映画を観たい」と「わがままリスト」に書いていて、その映画が現在上映中だったとします。そうであれば、すぐに実現が可能なはずです。「カフェに行きたい」「本を読みたい」なども同様です。

すぐに実現させることが可能なリストの先頭に、○を付けていきます。これを**「今すぐの夢」**とします。

すると、現時点では実現させることが困難なリストは、先頭に○が付いていないことになります。例えば、「窓から海の見えるマンションに住みたい」と考えているけれど、経済的に難しい。あるいは、現在のライフスタイルでは実現できないことであったり、今の年齢では不釣り合いな夢であったり。能力的な問題で難しいということもあると思います。

いろいろな理由から、今すぐには実現できないこと。これを「いつかの夢」

とします。

「いつかの夢」を見て、なぜ今すぐに実現できないのか、と考えてみてください。お金の問題なのか、それとももっと未来の話だと思っているのか。

そして、自分だけがわかるような簡単なキーワードでいいので、**「いつかの夢」の横に、今すぐに実現できない理由を書き添えてください**（本書の巻頭を参考にしてください）。この作業が、後々役に立つことになります。

こうして、リストに書かれた項目を「今すぐの夢」と「いつかの夢」に分けていきます。

「今すぐの夢」なのか「いつかの夢」なのか、悩むことがあるかもしれません。そんなときは、もう一度、よく考えてみてください。

先頭に○を付けるのは、今すぐに実現できることです。であれば、そんなに悩むということはないはずです。**それでもなお、その夢が今すぐに実現できる**

と判断するのに躊躇《ちゅうちょ》してしまう。このことに、重要な意味があるのです。

11 夢実現のパワーをダウンさせる「夢詰まり」

未来のために今を犠牲にしてしまっている

「わがままリスト」に書かれた項目を、「今すぐの夢」と「いつかの夢」に分けてもらいました。

ここで「今すぐの夢」の数をカウントしてみてください。そして、「今すぐの夢」をじっと見てみてください。

それらは、その気になりさえすれば今すぐにでも実現できるのに、これまで放置されていた夢です。整理してみると、意外とたくさんあったのではないでしょうか。**多くの人は、実現可能なたくさんの夢を、なんとなくそのままにし**

て生きているものです。

多くの人には、未来のために今を犠牲にする生き方が染み込んでしまっています。

「こんなことにお金を使っていては、貯金ができない」
「遊んでいる時間があれば勉強しなきゃ」

未来の心配をして、今を楽しむことを躊躇するのです。こうして実現可能な夢をそのまま放置して、毎日を過ごすことになります。

「今すぐの夢」と「いつかの夢」を分けるときに迷うのも同じ理由です。未来のために今を犠牲にする感覚のままでリストを見ると、「今すぐの夢」が「いつかの夢」に見えてしまいます。

常に「今」が未来の準備のために費やされている。未来への不安がそうさせるのかもしれません。仕方がない部分もありますが、**もう少し、今を楽しんでみてもいいのではないでしょうか。**

人生がうまくいかない本当の理由

すぐに実現できる夢を、たくさん抱えて生きている。この状態を、私は**「夢詰まり」**と呼んでいます。この本で伝えたい大切なことの一つが、この夢詰まりについてです。

夢や目標を実現させるために計画を立てて、がんばって実行する。それでもうまくいかずに、自分の意志力の弱さを責める。繰り返しになりますが、そうした人がたくさんいます。

このことに加えて、**夢詰まりを起こしている人は、自分の願いを実現させるパワーがとても低下している状態**です。「今すぐの夢」を実現させるということとは、本来なら簡単にできる楽しい行為のはずです。それでも、面倒に感じたり、やる気が起こらなかったりしてしまいます。

また、放置されている夢が多いために、**内面から浮かび上がってくるはずの夢も、意識の奥に埋まったままになってしまいます**。そうして「やりたいことがわからない」となってしまいます。

第1章で話した「ある条件」とは夢詰まりが解消されることです。そのことで、自分にとって追い掛けるべき夢がどんどん浮き出るようになります。

今まで自分の思い通りの人生を送れていなかったのなら、それは、意志力やがんばりが足りないからではありません。夢詰まりによって、夢を実現させるパワーが奪われているから。そして、自分にとって追い掛けるべき本当の夢が、わかっていなかったからなのです。

「夢を叶えられなくなる魔法」を自分にかけている

次の章で、人間の意識について説明をします。少しだけここでお話しすると、現在、自分を取り巻く状況や、自分の身に起こっていることは、自分が自分だと感じている意識の奥にある、自分ではあまり認識できていない部分が関係しています。

夢詰まりの状態にある人は、この意識の奥の部分に、あるメッセージを送り続けているのです。

「自分は、実現させたい夢を放置する人間です」
「自分は、実行せずに、ただ実現させたいと思い続けているだけの人間です」
「自分は、夢を大切にしない人間です」

毎日毎瞬、自分の意識の奥の部分に向けて、夢を実現させるパワーがダウン

するメッセージを送り続けている。自分で自分に夢を叶えられなくなる魔法をかけているようなものです。そう考えれば、すぐにでもやめたいと思うのではないでしょうか。

メッセージを送らないようにできれば、新しい世界観が広がってきます。

「自分がどうしても実現させたいと思っている夢がうまくいかないのは、もしかしたら『今すぐの夢』を放置しているからかもしれない」

素敵な恋人ができないのは、もしかしたら興味のある映画を観に行かないからかもしれません。

これは冗談ではありません。実際に「わがままリスト」を始めて「今すぐの夢」を実現させていったら、思いがけず「いつかの夢」が叶ったという事例がいくつもあります（そう言うと曖昧《あいまい》な話に思えるかもしれませんが、もちろん、ちゃんと段階を踏んで「いつかの夢」を叶える過程もご説明しますので、安心してください）。

「わがままリスト」の大きな目的の一つは、夢詰まりを解消させることです。意識の奥に「自分は夢の実現を大切にする人間です」というメッセージを送ることで、夢を実現させるパワーを取り戻すことができます。

もともとは自分の持っていたパワーを取り戻すだけ。しかし、それが人生に大きな変化をもたらすことになるのです。

12 「夢詰まり」を解消させる方法

「今すぐの夢」を実現させるだけ

「夢詰まり」が夢を実現させるパワーをダウンさせるという話、納得していただけたでしょうか。

実際、夢詰まりを起こしている人は大変多くいます。むしろ、程度の差こそあれ、夢詰まりを起こしていない人はいないと言ってもいいと思います。

人生がすごくうまくいっているように見える有名人や、自分の身の回りでもスイスイ夢を実現させている人は、夢詰まりの度合いが少ないと言えます。夢詰まりを解消することができたら、強い意志力がなくても、周囲を一歩も二歩もリードできます。

夢詰まりを解消するためにやることは、簡単です。「今すぐの夢」をどんどん実現させていくだけです。

「今すぐの夢」は、その気になればすぐに実現できるはずです。費用や自分の能力が問題になるということはありません。「いつ実現させるのか」という時間の問題だけです。

「現在公開されている映画を観たい」という「今すぐの夢」を実現させる、と決めたとします。当たり前ですが、実現させるためには、映画館に行かなければいけません。そのうえ、作品にもよりますが、２時間程度は映画館にいなければいけません。

もちろん、観たい映画ですから、座席に座って映画を観始めたら、あっという間だと思います。ただ、その2時間をいつに予定して、映画館まで行ってという一連の行動を面倒だと感じてしまうこともあります。そうして、夢詰まりが発生するのです。

先にスケジュールに入れてしまう

「いつやるか」を決めなければ、人はなかなか行動しません。スケジュールに「今すぐの夢」を実現させる予定を入れていきましょう。

スケジュール管理のコツは、優先順位の高いものを先にスケジュールに入れることです。ほかの予定を調整して時間を空けるのではなく、大事な予定を先に決めてしまいます。「今すぐの夢」の中でも、特に実現させやすいものや、実現したらとても嬉しいものから、どんどんスケジュールに入れていきましょう。

ただ、実際には仕事などもあって、「今すぐの夢」を最優先にすることは難しいと思います。それをがんばるあまり、ほかの面でストレスが掛かってしまうと、「わがままリスト」の継続自体が面倒になってしまいかねません。

大切なことは、「今すぐの夢」を放置せず、いつ実現させようかと思いをめぐらせることです。

いきなり「今すぐの夢」のすべてを短期間に実現させていくことは、現実的ではありません。できる範囲で具体的にスケジューリングしていく。実現させることのできる「今すぐの夢」が少なくても、**実現させようと意識して行動することに自体が、夢詰まりを解消させていくことにつながります**。

最初に無理をすると必ず反動が来ます。無理のない範囲で、特に実現させやすいものや実現したら嬉しいものから、スケジューリングしてください。

無理のない範囲で実行していく

日常生活の中で無理なくできる範囲で、「今すぐの夢」を実現させることの優先順位を上げてください。そして、実際にスケジュール帳に書き込んでください。

あとは、その日、その時がやってきたら、予定通り映画館に行って映画を観るだけです。

ここで注意してほしいことがあります。**せっかく「今すぐの夢」を実現させるのですから、たっぷりと楽しんでください。**作業をこなすような感覚で行うことはやめましょう。夢詰まりを解消させることは大切ですが、そのために「今すぐの夢」を実現させるとしてしまっては、本末転倒です。

映画だったら映画館に向かう途中もワクワクし、実現させたときには、「やった！　夢を実現させた！」と軽く自分を褒めてあげてください。観終わった後も十分に余韻《よいん》に浸ってください。

今まで放置されてきた夢が実現するのですから、楽しいはずです。慣れてくると、なぜ自分は「今すぐの夢」をないがしろにしてきたのか、不思議な気持ちになるはずです。

未来のために今を犠牲にしてしまう習慣が付いていると、夢が実現する楽しさと不安を同時に感じて、居心地が悪く思えるかもしれません。そのときは、**「今すぐの夢」を実現させていることで、未来にどんな悪いことが起こるのか**考えてみてください。

どうでしょうか。恐らく、具体的には何も悪いことはないはずです。今を楽しむことで不安を感じてしまうのは、正しい、正しくないとは無関係な思考のクセに過ぎません。意識するだけで改善していくことができるのです。

13 人生が音を立てて動き出す

意志の強い人はごくわずか

「夢詰まり」を解消するには「今すぐの夢」を実現させていけばいい。しかし、無理は禁物です。徐々に、夢詰まりを解消していきましょう。

意志力に頼って「今日も明日もがんばります」とやっていく、昔からある成功ノウハウ。それでうまくいかないのは、なぜなのか。繰り返しになりますが、意志が弱いという問題ではなく、夢詰まりが原因です。

夢詰まりを起こしている状態では、夢を実現させるパワーは大きくダウンしています。この状態では夢に向けた努力も楽しいものではなくなります。ですから、意志の力に頼らなくてはいけなくなります。

エミール・クーエという、フランスで活動した自己暗示法の創始者がいます。彼は自己啓発や成功の世界では有名な人物で、こんな言葉を残しています

「意志の力と想像力がぶつかり合ったら、必ず意志の力が負け、想像力が勝つ」

想像力の強さを説明した言葉ですが、同時に人間の意志力のもろさも表現しています。

オリンピックに出場したり、プロで活躍したりするようなスポーツ選手は、強い意志力で厳しいトレーニングをやり抜いてきた人なのかもしれません。しかし、**夢を叶えたいというときに、毎日計画通りにやっていけるような意志の強い人は、ごく少数**なのです。

「楽しいことだけ」で人生が変わる

「わがままリスト」では、意志の力に依存した苦しい努力とは違う展開が見えてきます。

夢詰まりを解消することで、人との出会いなど人間関係の変化が起こったり、ビジネスで新しい展開があったり、熱中できるものが見つかったりします。しかも、その過程はすべて楽しい道のりです。

小さなことでも、「今すぐの夢」を実現させていく。それは楽しいことです。自然にモチベーションが上がり、毎日が楽しくなります。

このことが、人生にとても大きな影響を及ぼします。今を十分に楽しむことで人生が動き出し、未来も楽しさで満ちていくのです。

前章で「引き寄せの法則」に少し触れました。常に気分を良くしていこう、ご機嫌でいようということが、引き寄せの法則でも重要なようです。

しかし、そもそも満たされないことがあるから、人生を変えたいと思うわけです。その状況で、ただ気分を良くしようとしても、なかなかできることではありません。理由がなければ、気分を良くすることはできません。

その点、夢詰まりを解消すると、自然に気分が良くなります。いつの間にか引き寄せの準備までできていることになるのかもしれません。

夢詰まりを解消するために、「今すぐの夢」をどんどん叶えていってください。**楽しいことの繰り返しだけで人生を変える方法もある**ということを、ここで実感して欲しいと思います。

「ホテルラウンジでお茶」から夢を叶えた女性

ある女性クライアントには、どうしても実現させたい夢が三つありました。

・富士山登頂
・フルマラソン完走
・年の近い3人の息子の進学と学費の捻出

富士山とフルマラソンについては、忙しくてなかなかトレーニングできないとのこと。何が忙しいのかと質問すると、困った顔をして「家の整理とかです」と答えていました。

学費の問題については、彼女はある専門分野で優秀な才能があるものの、その能力に見合った収入が得られていない状況でした。

「わがままリスト」を書き出してもらったところ、「今すぐの夢」がたくさんあり、夢詰まりの状態でした。観たい映画や読みたい本がたくさんあり、お茶をしたいホテルラウンジがいくつもあるということでした。

私は彼女に、無理のない範囲で「今すぐの夢」を実現させていってもらいました。自分のペースで映画を観て、本を読み、ホテルラウンジでお茶を楽しむこと。一つずつ実現させていきます。

1カ月ほど経った頃から、彼女は先延ばしにしていたトレーニングを開始しました。

そして、まずハーフマラソンに参加しました。見事に完走。「もう一度ハーフマラソンを経験してから、フルマラソンに挑戦する」と言いました。

見ている私も「良い調子だな」と感じていたある日、彼女のSNSを見ると、夫婦で富士山山頂に立つ写真が投稿されていました。電話してみると、夫婦で話が盛り上がった勢いでチャレンジしたそうです。2人一緒だったので、安心して取り組めたとのことでした。

さらに驚くべきことに、彼女はその電話で「良いビジネスパートナーが見つかったので次回のコンサルティングで相談したい」と言いました。

聞いてみると、ビジネスパートナーは、お互いの弱みを補い合いながら強みを発揮していける、理想的な相手でした。そこから始めたビジネスで、現在では月に100万円ほどの売り上げがあるようです。息子さんはまだ大学に通っていますが、その学費にもまったく問題はないでしょう。

その間に、彼女は2度目のハーフマラソンを完走。フルマラソンも無事に完走してしまいました。「わがままリスト」を始めて6カ月後くらいのことです。夢詰まりが解消してから、とても速い展開でした。

もちろん私も随所で細かなアドバイスはしていましたが、**いちばん大きかった要因は、彼女が積極的に「今すぐの夢」を実現させていったこと**だと思います。そのことで、夢詰まりが解消して人生が動き出したのです。

映画や本、ホテルラウンジでのお茶を楽しむことと、マラソンや登山、ビジネスパートナーの出現に、直接的な関係は説明できません。しかし、彼女は意志力に頼った苦しい努力で夢を実現させたのではありません。その過程はずっと楽しいものだったのです。

14

「わがままリスト」は新月の日に書き直す

必ずゼロベースで書き直す

自分の気持ちに正直に「やりたいこと」を書く。その中から仕分けた「今すぐの夢」を実現させていくことで、「夢詰まり」は解消します。そうして、人生は音を立てて動き始めます。

ただし、ここでいくつかの疑問を感じると思います。リストにある「今すぐの夢」をすべて実現させたらどうすればいいのか。「今すぐの夢」は一度実現させたら、もうしなくていいのか。

まず、「わがままリスト」は一度書いて終わり、ということではありません。定期的に書き直します。

これはすでに書いたリストの中から、追加したり削除したりするのではなく、毎回ゼロから書いてください。前回書いたものを見ながら書くのはかまいません。しかし、**前回のページをそのまま使って書き換えたり、リストをコピペしたりするのはNG**です。同じことであっても、必ず改めて書くようにしてください。

これは、書きながら「今の自分はこれを望んでいるのか?」を自問するためです。前回書いたことであれば、なんとなく「これは自分のやりたいことだ」と考えてしまいがちですが、「わがままリスト」を続けていく中で、「やりたいこと」は必ず変わっていきます。

前回書いたことをもう一度見て、「これはまだ自分のやりたいことだな」と思うなら、新しいリストにも加えましょう。一度実現させた「今すぐの夢」であっても、もう一回やりたいと思うなら書き出します。何回実現させてもかまいません。

そうして繰り返していくうちに、「あ、もうこれはいいや」と思うことが出てきます。同時に、新しい「やりたいこと」も出てきます。だんだんと、**自分の心の奥にある「やりたいこと」を、簡単に引き出すことができるようになります。**

毎回100個も書くのは大変だと思われる人もいるかもしれませんが、どんどん慣れて、時間もかからなくなっていきます。

書き出したリストを残しておく

どれくらいのペースで「わがままリスト」を書き直すのかに、特にルールはありません。慣れてくると、どういう頻度がいいのか、自分のペースがつかめてくると思います。

「わがままリスト」を書いて「今すぐの夢」を実現させることに慣れていくと、普段からリストに書きたいことを思いつくようになります。数が多くなれば、「早くリストにしたいな」と思うようになります。

また、次の章で説明するように、繰り返し書き直すうちに、だんだんと自分にとって追い掛けるべき夢が見えてくるようになります。そうなると、あまり頻繁に書き直すことはなくなっていきます。

このように、「わがままリスト」は定期的に新しいものが増えていきます。ただし、古いリストは捨てずに残しておくようにしてください。

第3章でお話ししますが、この後、リストに書かれた内容がどのように変化しているのかを見直すことになります。何カ月も前のリストが必要なときもあります。

ノートでもスマホでもいいと説明しましたが、一枚の紙に書き出すと、その紙をどこかになくしてしまう可能性もあります。紛失しないためにも、ノートかスマホのどちらかで作るようにしましょう。

また、**リストの最初には、いつ作ったものかがわかるように、日付を記入しておいてください**。1カ月に一度のペースで書き直していくとすると、1年で12のリストができることになります。後から見直すときに、日付が入っていたほうが便利です。

なぜ新月の日がいいの？

「わがままリスト」はいつ作ってもかまいません。2回目からも、それは同様です。ひと月に1回であれば、「毎月1日に」とか「第一日曜日に」などと決めておくと、忘れずに書き直すことができます。

それで問題ないのですが、私の場合は「新月」の日に「わがままリスト」を書いています。

「新月って何？」という人もいるかもしれませんね。「満月」と言うと、まん丸のお月様を想像すると思いますが、新月はその真逆です。太陽と月と地球が一直線上に並ぶことによって、地球から月が見えなくなる現象を、新月と呼んでいます。

潮の満ち引き等の現象も、月の影響を強く受けています。まだまだ科学では解明されていませんが、月の動きは人間にも地球にも非常に影響があると言われています。

2000年代に、アメリカの占星術師《せんせい》が書いた本が人気になり、日本でも翻訳出版されました。「新月の日に願い事を書くと叶う」という内容で、スピリチャル好きな人たちの間で流行りました。

そうしたスピリチャルな考え方で、新月の日に「わがままリスト」を書くという意味も、少しあります。しかしそれより大事なのは、その周期です。

今、私たちが生活の基準にしている暦《こよみ》とは別に、月のリズムがあります。新月から満月を経て、また新月になるという月の周期は、約29日です。

例えば、「わがままリスト」を「毎月1日に書き直す」というサイクルにすると、とてもわかりやすくなります。ところが、**わかりやすくなると、どうしても気がゆるみます**。「1日にやるって決めたのだから」というように、作業をこなすような感覚になってしまうわけです。

それを防ぐためにも、29日周期という、少しイレギュラーに感じるサイクルがお勧めです。不規則なリズムでやってくる日をきちんとスケジューリングして、その日に「わがままリスト」を作ろうとする。その意識自体が効果を高めてくれます。**「わがままリスト」が自分にとって特別なイベントなのだと、実感させてくれる**のです。

ちなみに私は、毎年年末になると次の年の新月の日をスマホのカレンダーに登録します。ＷＥＢサイトなどで調べれば、新月の日がいつなのかは簡単にわかります。

読者のみなさんも、年末になったらぜひ、次の年の新月を調べて、1年分登録してみてください。

この章では、「わがままリスト」の実践方法と、夢詰まりについてお伝えしました。次の章では、「わがままリスト」がもたらす、さらに大きな効果についてご説明します。

この章のざっくりまとめ

⑦「わがままリスト」はどこでやっても、ノートでもスマホでも大丈夫。とにかくやってみよう。

⑧ やりたいことを100個書き出そう。取るに足らないような小さなことでもOK。

⑨ 今の気持ちに正直に、わがままや不道徳的なことも書いてしまおう。

⑩ 100のリストを「今すぐの夢」と「いつかの夢」に仕分けしよう。

⑪ みんなすぐできることでもしない、「夢詰まり」。自分で自分の夢を叶えられなくしている。

⑫「今すぐの夢」を実現させるだけで、夢詰まりが解消していく。無理のない範囲でやっていこう。

⑬ 幸せになるために「意志力」は必要ない。楽しいことをするだけで人生が変わる。

⑭ わがままリストは定期的に書き直そう。必ずゼロベースから。新月の日がお勧め。

第3章

超強力な「サポート役」の登場

15

「もうひとりの自分」が仕掛けてくるイタズラ

「計画なし」「努力なし」で手に入る大きな力

前章で説明した通り、「今すぐの夢」を実現させることで、夢を実現させるパワーが大きくアップします。これだけでも、人生が良い方向に変わってきたと実感できるはずです。

しかし、「わがままリスト」には、まだ先があります。

「今すぐの夢」をどんどん実現させて、「夢詰まり」を解消させていく。これを続けていくと、ある変化が起きます。**自分の内側にある大きな力が、夢を実**

現させるためのサポート体制に入るのです。

私はこの変化を**「モードチェンジ」**と呼んでいます。

夢詰まりの解消にモードチェンジが加わると、人生は大きく加速していきます。無理な努力や人に強《し》いられるものではなく、自分のペースを守ったうえでの加速です。忙しさから過労になったり、メンタル面で不調になったりなど、制御できない不安定なものではありません。行きたい場所に最短距離で近づいていくようなイメージです。

何より、モードチェンジをするために、特に目標設定をしたり、計画を立てたり、苦しい努力をしなくてもいい。**ただ、「わがままリスト」を作って、「今すぐの夢」を実現させることを繰り返していればいいだけ**です。

意識の奥にいる「もうひとりの自分」

モードチェンジについては、この章の後半で詳しくお話しします。ここでは、その前に知っておいてほしいことがあります。

これから先、**読者のみなさんには、ある「イタズラ」が仕掛けられるようになります。それを上手にやり過ごしていかなければいけません。**

それは、**「もうひとりの自分」**によるイタズラです。

人生が動き出すと、どんな人にでも必ず起こる現象です。そのことを先に知っているかどうかで、人生を楽しく有意義にしていくことができるかどうかが決まります。

「今すぐの夢」をどんどん実現させていき、夢詰まりが解消されていく。そして「あー、人生が動き始めた。良い感じになってきたな」と感じ始めた頃、

「もうひとりの自分」がイタズラを開始します。

知らないまま過ごしていると、せっかくやる気になって人生が動き出したと思っていたのに、「わがままリスト」を作るのが憂鬱《ゆううつ》になったり、「今すぐの夢」を実現させていくことが嫌になったりします。結果としてモードチェンジも起こりません。**「もうひとりの自分」のイタズラに上手に対応できるかどうかが、大きな分かれ道になる**のです。

さて、「もうひとりの自分」というのは、一体、何者なのでしょうか。

ここで、ちょっとだけ心理学の話をします。ただ、心理学の世界にもいろいろな学説があり、学者によって意見もさまざまです。また、同じ用語を別の意味で使っている場合もあります。

私は幸運にも学生時代に、『頭の体操』シリーズ（光文社）で有名な多湖輝《たごあきら》先生に心理学を学ぶ機会がありましたが、心理学を専門に研究しているわけではありません。ここでお話しすることは、私の独自解釈によるものだと捉えてください。

まず、人間の意識はいくつかの層に分かれています。

そのうち、自分が〝自分〟だと認識している意識のことを、**「顕在意識」**と呼んでいます。その顕在意識の奥に**「無意識」**があります。

通常、無意識は自分で認識できません。心理学に興味がない人の中には、自分が自分だと思っている意識以外に別の意識があるのかと、不思議に思われるかもしれませんね。

そして、無意識は2層に分かれています。顕在意識のすぐ下に、**「潜在意識」**があります。潜在意識という用語は、多くの人が聞いたことがあると思います。**「もうひとりの自分」とは、潜在意識のこと**だと思ってください。

そして、その潜在意識のさらに奥に、「集合的無意識」というものがあります。これについても、いろいろな表現をしている人たちがいます。集合的無意識に関しては、また後でお話しします。

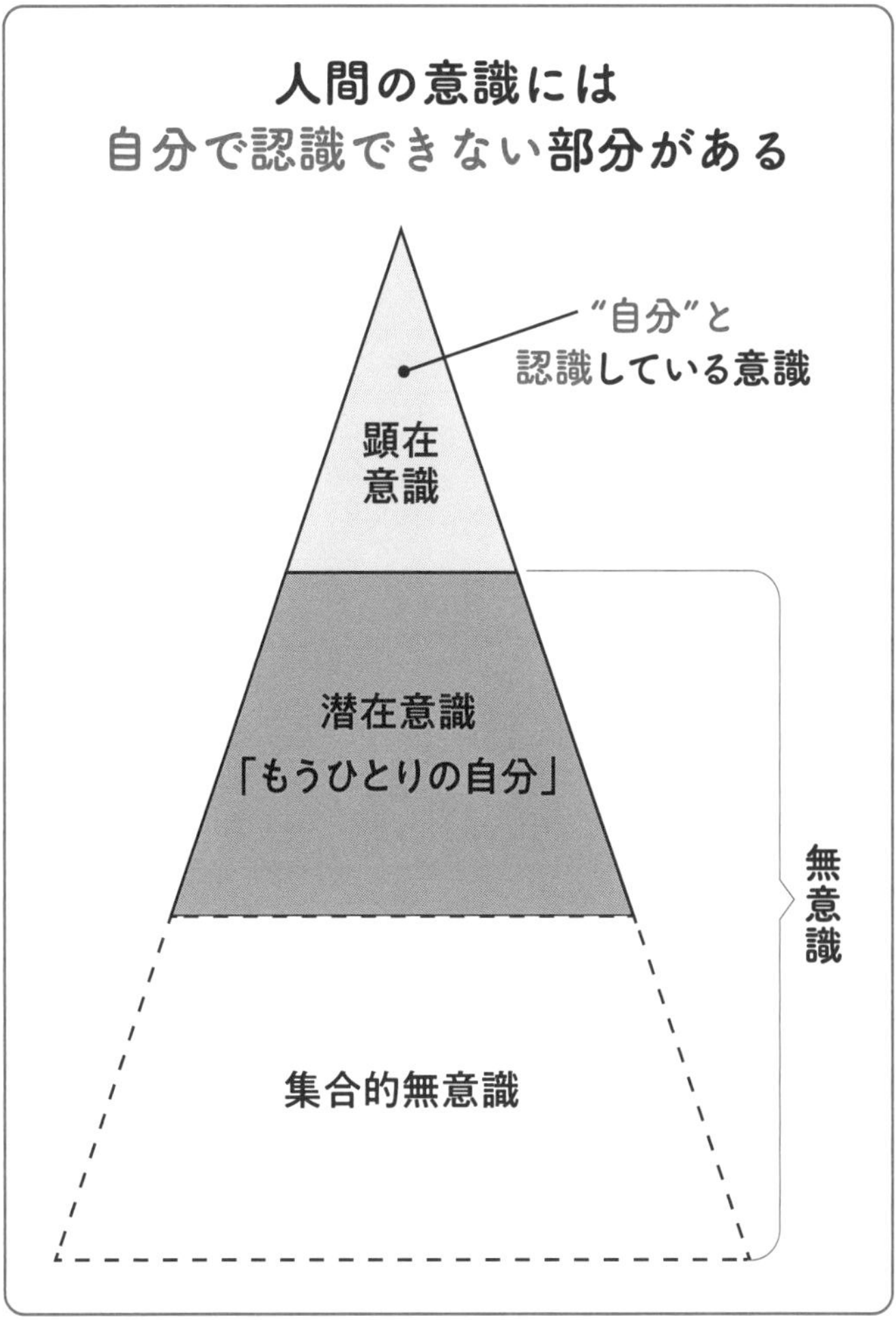
人間の意識には
自分で認識できない部分がある
"自分"と
認識している意識
顕在
意識
潜在意識
「もうひとりの自分」
集合的無意識
無
意
識

人類にとって「変化」は危険なこと

歴史を振り返ると、人類が現代のように文明的な暮らしを手に入れたのは、つい最近のことです。それまでは、野生動物に襲われたり、食料不足になったり、深刻な感染症が流行したり、いつも危険と隣り合わせで生きてきました。

つまり、**人間にとって環境の変化とは危険を意味します**。危険の中で生きるうえで大切なのは、変化の予兆を見逃さないことだったはずです。「あれ、何かまずいんじゃない?」「いつもと違うのでは?」と感じることで、危険を回避してきた。この現状維持機能によって、人類は今まで種の保存をしてきたわけです。

この**「変化イコール危険」という感覚は、現代を生きる私たちの意識の奥底にも残っています**。自分自身や人生が変化し始めると、その変化をストップさせようとする機能が備わっているのです。

「わがままリスト」を実践して、「今すぐの夢」を実現させ、夢詰まりを解消していきます。その結果、夢を実現させるパワーが大きくアップして、歯車が噛み合ったように人生が動き出します。

これは、自分の意識の内側から揺さぶられる、とても大きな変化です。人生を根底から変えてしまう可能性を秘めています。

大きな変化を自分でつくり出し、その変化に乗って成功していくことは、すばらしいことのように思えるかもしれません。しかし、人間が存在し続けるためという観点からすると、そうは言えません。大きな変化をつくり出して成功していくよりも、今の状況をダラダラと続けていく現状維持こそが大事なのです。

「もうひとりの自分」は〝自分〟を守ろうとする

自覚できなくても、「もうひとりの自分」は間違いなく自分の一部です。「今すぐの夢」を実現させて夢詰まりが解消することで、人生が動き出す。この変化に直面したとき、「もうひとりの自分」は「あー、やばいことになってきたな。なんとか止めなければ……」と、一生懸命ブレーキを掛けてきます。

これは「もうひとりの自分」にとって、大切な役割の一つです。**「もうひとりの自分」にとってご主人様である〝自分〟が危険な目に合わないように、内面からメッセージを送ってきます。**「わがままリスト」に取り組もうとすることと、人生を変えようとすることをやめさせようとしてきます。

さらに厄介なことに、**「もうひとりの自分」が送ってくるメッセージは、ほとんどの場合、「言葉」ではありません。**「なんか嫌な予感がするな」というように、直感やヒラメキのようなかたちでメッセージを送ってきます。回りくどいと感じるかもしれませんが、これが「もうひとりの自分」の特徴なので仕方ありません。「もっとはっきり伝えてよ！」といったところで、どうにもならないのです。

これが「もうひとりの自分」のイタズラの正体です。では、具体的にはどんなイタズラを仕掛けてくるのか。次の項から詳しく説明していきます。

16 イタズラその①「感情がザワザワする」

「こんなことしていていいのかな……」

「もうひとりの自分」とは、自分が自分だと感じている意識の奥、潜在意識のことです。この「もうひとりの自分」が、自分の内側からイタズラを仕掛けてきます。

まず、感情を揺さぶってきます。

「わがままリスト」では、「やりたいこと」をやっていくわけですから、楽しいはずです。それなのに、**妙に感情がザワザワしたり、他人を見て不安になっ**

たりします。

「あー、こんなに楽しい思いばっかりしていて、いいのかな」
「同僚の○○さんは、資格試験のために週末勉強するって言っていたのに、自分は映画を観に行くなんて……」
「いやいや、こんなことしていたらダメなんじゃないか」
「みんなから後《おく》れを取ってしまわないかな」

こんな感情が襲ってきます。

「わがままリスト」に限らず、**自分の人生を変えようと思って動き始めた人は、多かれ少なかれ、みんなこのような感情に襲われます。**

昔ながらのやり方で目標を決めて、その目標を達成するために計画を立てて、がんばって……、でもうまくいかない。こうした、意志力でがんばるタイプの変化に対しては、こんな方向性で感情をザワつかせてきます。

「こんな努力、意味があるのかな？」

「前もダメだった。結局自分はやり遂げることができない」

がんばってもうまくいかない場合、「自分は意志力がないから」と思いがちです。しかし本当は、「もうひとりの自分」のイタズラに負けていることも多いのです。

人生を変えようというチャレンジに対して、「もうひとりの自分」が絶妙に感情をザワつかせてきます。**このことを知っておかなければ、イタズラに負けてしまいます**。そうして新しい取り組みをやめてしまい、これまでと変わらない人生が続いていくのです。

お金のことが不安になる

人生が変化を始めると、お金に対して不安になる人もたくさんいます。週末に映画を観るのも、前から試したいと思っていたボルダリングをやるのも、焼き肉店やお寿司屋さんに行くのも、必ずお金がかかります。その出費に意識が向かうようになるのです。

「わがままリスト」に書き出した項目が「今すぐの夢」かどうかを判断するときに、お金がネックになることもあります。それは問題ありません。しかし、「これくらいの出費であれば大丈夫だろう」と判断して、**「今すぐの夢」としてスケジューリングしたにもかかわらず、お金のことが不安になってくる。**これは「もうひとりの自分」のイタズラのせいです。

現代人が、野生動物に襲われたり、飢饉《ききん》で食糧不足になったりという危険に出会うことはまずありません。いちばんの危険を感じるのは、お金の問題です。

これが、「もうひとりの自分」にとって格好のテーマです。お金が関わるときに限って、気持ちが揺さぶられるようなことが起こります。

例えば、恋人と一緒に焼肉を食べて、1万円使ったとします。その直後は「おいしくて楽しくて、良かったな」と思うでしょう。しかし帰りにふらっと立ち寄ったコンビニで雑誌を開くと、「1カ月に1万円貯金するだけで、こんなに貯まるよ」といった記事が目に飛び込んできます。

すると「あー、投資にお金を使うこともできたのに、焼肉食べちゃったなあ」「こんなことを続けていたら、貧乏になってしまうのでは」と感じてしまいます。

このように、お金の心配を増やすような情報に振り回されることが増え、気持ちがザワザワしてきます。**まるで、ザワザワすることが正しいのだと思わせるような情報が、タイミング良く目に入るようになる**のです。

「もうひとりの自分」が駆使する「カラーバス効果」

感情がザワザワしたり、お金のことが不安になったり、こうした現象の背景として、「カラーバス効果」というものが挙げられます。

例えば、目を閉じた状態で「赤いものだけは見ないでくださいね」と言われ、目を開けると、嫌でも赤いものが目に飛び込んでくる。これがカラーバス効果です。

自分の身の回りに見えているもの、聞こえているもの、それらの情報をすべてインプットしていたとしたら、情報を処理し切れなくなり、脳はパンクしてしまいます。第1章で説明した「オーバーフロー」の状態です。

よく言われることですが、恋人のバッグのブランドがわからない、毎朝使っているコーヒーカップのデザインを思い出せない、ということがあるのではないでしょうか。何度も何度も見ているはずなのに。

オーバーフローにならないため、脳が情報を振り分け、どの情報をインプットして、どの情報をインプットしないかを決めているのです。

「もうひとりの自分」は、カラーバス効果を作用させて、情報をコントロールしてきます。

例えば、週末に映画を観に行くと予定していたとします。そんなときに限って、インターネットの「週末を有効活用できるかどうかで、人生は決まる」といった記事が目に入る。そうして「そうか、やっぱり映画を観ている場合じゃないな」と考えてしまいます。

「ダイエットしたいな」と思って、水泳を始めた人がいるとします。ダイエットに水泳が役立っていると実感して、結果も出ています。

「水泳で痩せられるなんていいな。このダイエット法はしっくりくるな」と思って喜んでいたのですが、「初心者が水泳をがんばると腰を痛める！」という記事を雑誌の中に見つけます。

そんな情報に繰り返し触れることで、「あれ？　最近、なんとなく腰がおかしいな」と、水泳から遠ざかってしまいます。

このような情報は、映画を観る前、ダイエットを始める前から、周囲にあったはずです。脳が不要なものとして扱っていたから、目に入らなかっただけです。それを、「もうひとりの自分」がカラーバス効果を駆使して、強調してくるのです。

17

イタズラその②「他人が足を引っ張ってくる」

「もうひとりの自分」が他人を通してイタズラする

「もうひとりの自分」が仕掛けてくる一つ目のイタズラは、理由もなく感情がザワザワしたり、不安になったりするというものでした。さらに、その不安を煽るような情報が目に入ったり、耳に入ったりします。

ここではもう一つ、別のタイプのイタズラを紹介します。

二つ目のイタズラは、せっかく始めた新しい取り組みを批判する人が現れるということです。

先ほど、水泳でダイエットに取り組む人の例を挙げました。「初心者が水泳をすると腰が痛くなる」という情報に感情がザワザワするという話でした。**今度は、聞いてもいないのにそのことを伝えてくる人が現れます。**水泳を続けて、せっかくダイエットがうまくいき始めたのに、「水泳ばっかりやっていると腰が痛くなるんだよ」と言ってくるのです。

「この人、意地悪で言ってくるのかな」「順調に痩せている自分に嫉妬《しっと》しているのかな」と思えます。しかし、**この現象は十中八九、「もうひとりの自分」が他人を通して仕掛けているイタズラ**です。

自分にとって厄介な人が邪魔してくる

二つ目のイタズラのさらに厄介な点は、批判してくる人が、自分にとって指摘を軽く受け流せるような相手ではないことです。身近な人だったり、自分が実行していることに詳しい人だったり、「この人に足を引っ張られちゃうとキツイな」と感じるような相手である場合が多いのです。

私がコンサルティングをしている人たちの中には、順調に人生が変化している人がたくさんいます。そうした人たちには、他人に足を引っ張られるという現象が必ず起こっています。

ある人は、糖質制限ダイエットを始めました。

効果も出て嬉しく感じていると、イタズラが始まります。「○○さん、糖質制限やっているんだ。糖質制限が原因で体調を崩した人がいるらしいよ」といちいち警告してくる人が現れました。

ずっと興味のあったＷＥＢデザインを学び始めた男性。

学生時代の友人に偶然出会ってカフェに行くと、「技術はどうにかなるかもしれないけど、デザインはセンスだから難しいよ」と言われました。さらに数日後、奥さんに「時間とお金の無駄じゃない？」と厳しいひと言を言われます。

ファッション関係の会社に勤めている女性は、仕事にも生きてくるだろうと、服のコーディネートの情報をＳＮＳで発信し始めました。
すると同じ業界で活躍しているお姉さんから、突然強烈なダメ出しをされました。

「もうひとりの自分」にしてみれば、新しい変化をやめさせたいわけです。だからこそ、ご主人様にとって最も厳しい人を通して、プレッシャーを与えてくるのです。

人は「集合的無意識」でつながっている

さて、ではなぜ、まったくの他人がイタズラに介入してくるのでしょうか。
一つ目のイタズラは、自分の内部で完結しています。「もうひとりの自分」は自分の内側にいるわけですから、感情をザワザワさせたり、カラーバス効果によって情報をコントロールしたりできる。ここまでは、ギリギリ理解できることです。

しかし、他人が関わってくるとなると、不思議な現象です。

その答えは、**「もうひとりの自分」が、「集合的無意識」を通じて他人に言わせているというのが私の考えです。**このことは、科学的に証明できるようなものではないので、あくまで仮説としておきます。

人間の意識は、三層構造になっているという話をしました。自分が自分だと思っている意識を「顕在意識」と呼び、「もうひとりの自分」を「潜在意識」と呼びます。ここでは、潜在意識のさらに奥にある、集合的無意識の話をします。

心理学の大先生にユングという人がいます。フロイトやアドラーと並んで心理学の巨頭と呼ばれています。錬金術や中国の易も調べていたということから非常に好奇心旺盛《おうせい》で、守備範囲の広い人物だったようです。

ユングは、**「意識のずっと奥底で、人はみんなつながっている」**と言いました。この部分を「集合的無意識」と呼んでいます。人種や民族が異なる精神疾患の患者たちが話す妄想や、世界各地の古い物語・神話には共通した部分がある。ユングはそこから、この概念にたどり着いたようです。

現代でも、ユングは評価されている心理学者なので、集合的無意識については、心理学を勉強している人であれば誰でも知っていることです。

この集合的無意識から発展して、意識の奥底でつながっているのは人間だけでなく、「植物や動物までつながっている」と言う人もいますし、さらには、「地球にも意識があり、地球と人類もつながっている」と主張をする人もいます。

私の理解では、ユングが集合的無意識でつながっていると説いたのは人類までだと思いますが、そこについて本書で深く掘り下げることはしません。ここでは、意識の奥底に、集合的無意識という情報を共有できる場のようなものがある、ということだけを取り上げておきます。

人間はみんな「集合的無意識」でつながっている

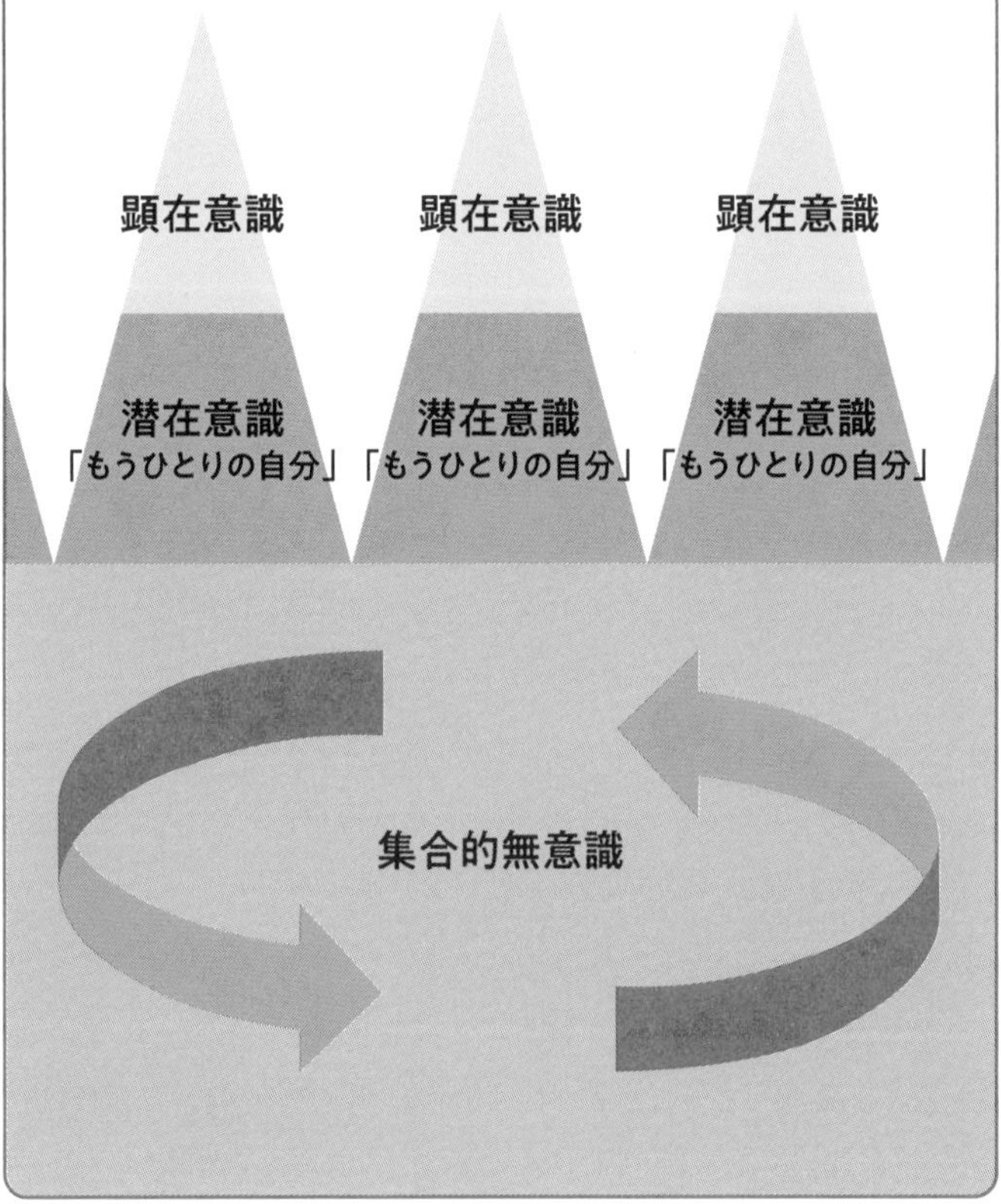

どうやら人類がつながって何らかのやりとりができる「集合的無意識」という場所のようなものがあるらしい。そう考えれば、まったくの他人が突然「あなたさあ、これ、やめたほうがいいよ」と言い出すのにも辻褄《つじつま》は合います。

もちろん、この謎解きをすることが本書の目的ではありません。ここでは、**「もうひとりの自分」が集合的無意識を通してイタズラをしてくるんだな、くらいの認識でいてください。**そのうえで、イタズラにどのように対応していけばいいのかを考えましょう。

18

イタズラは気楽にやり過ごす

「今すぐの夢」の実現を存分に楽しもう

「今すぐの夢」をどんどん実現させて「夢詰まり」を解消し、夢を実現させるパワーをアップさせようとしている。せっかくここまで来たのに、それを邪魔するイタズラをしてくる、「もうひとりの自分」が存在する。

「ひどいなあ」と思うかもしれませんが、「もうひとりの自分」は、自分という存在の一部です。すべては自分を危険なことから遠ざけようとして起こることです。

ですから、**イタズラをあまりシリアスに捉えるのではなく、「はいはい、来ましたねー」くらいに気楽に受け止めてください**。事前にわかっていれば落ち着いて対処できます。本章丸ごとを使って「もうひとりの自分」のイタズラについて説明をしているのは、そのためです。

読者のみなさんは、「わがままリスト」を実践して人生を変えようとしています。この週末も、待ち望んでいたお寿司屋さんに行こうと思っています。でも、それをやめさせようとしている「もうひとりの自分」がいます。「もうひとりの自分」は、いろいろなイタズラを仕掛けてきます。「お寿司屋さんに行ったらお金使っちゃうね」「週末は来週の仕事の準備をしておいたほうがいいかな」。さまざまな不安が頭に浮かんできて、「どうしようかな、行くのをやめようかな」と思うかもしれません。

でもみなさんは、「もうひとりの自分」によるイタズラが起こるという事実を、すでに知っています。**すべてを知ったうえで、「今すぐの夢」を実現させ**

るためにスケジューリングしています。心を乱すことはありません。思いっきりお寿司を楽しんでくればいいのです。

イタズラの内容をメモしておく

「もうひとりの自分」のイタズラに負けないために必要なのは、激しい戦いではなく、緩やかな根競べです。淡々と「今すぐの夢」を実現させていってください。そして、楽しんでください。

ただ、「気楽にやり過ごそう」だけでは心もとないですよね。「もうひとりの自分」との根競べに勝つ方法として、具体的にできるアドバイスがあります。

「もうひとりの自分」のイタズラに気づいたら、直近に作った「わがままリスト」を見てください。そして、イタズラの内容をメモします。

「あー、これはあの本に載っていた、『もうひとりの自分』のイタズラだな」。

そう気づいたら、メモに書いて可視化します。

「もうひとりの自分に○○なイタズラされちゃいました」
「もうひとりの自分はすごいね」
「○○さんを使って批判してきたぞ」

深刻に受け止めないように、**あえてコミカルに書くようにしましょう。**

そしてさらに、**「でも、やるけどね！」**と書き添えます。

例えば、週末にお寿司を食べようと思っているとします。「あそこは高いからお金使っちゃうな」「TOEICの勉強したほうがいいかもしれない」と、いろいろな思いが浮かんできます。

そのようなとき、「わがままリスト」に「もうひとりの自分にお金の不安を刺激されちゃったな」「TOEICの勉強したほうがいいって思わされちゃったな」とメモします。

そこに矢印を引き「でも、行くけどね！」と書いて、お寿司を食べに行ってください。そして、「今すぐの夢」を実現させたことを喜んでください。

「もうひとりの自分」のイタズラの内容と、そのときの自分の気持ちを言葉にすることで、客観的に観察できます。ポジティブな言葉で締めくくることで、イタズラに影響されずに「今すぐの夢」を実現させようという気持ちになることができます。そうして、イタズラに対して余裕をもって対応することができるようになるのです。

アロマを使ってご機嫌に過ごそう

もう一つ、アドバイスがあります。それは**「嗅覚」を使う方法**です。

五感のうち、嗅覚だけはダイレクトに脳の奥に入るといわれています。嗅覚は最も原始的な感覚であるとともに、自分の状況を把握するための大事なセンサーだからだと思います。
例えば、野生動物が近づいてきたときのニオイや、火が起こったときのニオイは、自分に危険を知らせてくれる大事な情報だったはずです。

私はクライアントに、お香を焚《た》いたり、アロマオイルの香りで部屋を満たしたりする方法をお勧めしています。アロマテラピーは、リラクゼーションやストレスの解消効果があるといわれています。実際に、とても効果があるようです。

「もうひとりの自分」のイタズラによって、気持ちがザワザワする。そんなときは、**できるだけリラックスできるように、香りの力を借りましょう。**
イタズラの内容をメモするときに、合わせてお香やアロマを焚くのもお勧めです。「わがままリスト」を作るときに、お気に入りの香りを楽しみながら書くという人もいます。

「わがままリスト」に関係することに限らず、職場で嫌なことがあったとき、プライベートで悲しいことがあったとき、**単純にイライラしているときや不安なときにも効果的**です。

ネガティブな感情は、やはり自分の足を引っ張ります。常に精神的なリラックスを意識しましょう。自宅に何種類かのお香やアロマを準備して、そのときの気分や状況によって使い分けるのがお勧めです。

19 「もうひとりの自分」が改心する

「とっとと夢を実現させてあげよう」

「もうひとりの自分」との根競べは、緩やかにずっと続いていくことです。メモや香りの力を借りて、気楽にやり過ごしてください。

すると、**「もうひとりの自分」の反応が変わってきます。**

変化を起こさせないためにブレーキを掛けようと思ったけれど、どうやらご主人様は、本気でこの夢を実現させようとしているらしい。いろいろなイタズラをしているのに、躊躇することなく行動し続けている。
だったら、とっととその夢を叶えさせてあげたほうが、ご主人様は安全なのではないか、快適に生きていけるのではないか。イタズラするのではなく、手伝ってあげようかな。

「もうひとりの自分」が、改心するときがやってくるのです。

ただ、あまりに大きな変化を望めば「いやいや、こんなに大きな変化はさすがに危険でしょう」と判断して、イタズラを仕掛けてきます。その変化が自分にとってどのくらい大きな影響があるのかによって、「もうひとりの自分」の対応は変わってくるのです。
読者のみなさんは、これから先、人生を大きく好転させるような、本質的な変化を起こすことになります。そのとき、やはり「もうひとりの自分」は邪魔をしてきます。そういう意味で、「もうひとりの自分」との根競べは一生続いていくものです。

しかし、**小さな変化に対するイタズラに慣れておくことで、大きな変化のときにもやり過ごす方法がわかるようになります。**それに、**「もうひとりの自分」も小さな改心を繰り返すことで、自分のことを信頼してくれるようになります。**

そうして、大きな夢の実現も手伝ってくれるようになるのです。

「もうひとりの自分」が持つ圧倒的な力

先ほど、ユングの集合的無意識の話をしました。「もうひとりの自分」が他人を通してイタズラしてくる。ちょっと不思議な話だったかもしれません。メカニズムも科学的には解明されていないことですが、仮説としては受け入れられたでしょうか。

その仮説をもとに考えてみてください。もしも根競べに勝ち、**「もうひとり**

の自分」がご主人様の夢を早く実現させてあげたほうがいいのだ、と判断したら、どうなるでしょうか。

それまでは、莫大な力を持った「もうひとりの自分」が、変化を抑止するためにイタズラモードになっていました。ところが「もうひとりの自分」が改心した途端、メカニズムが真逆に働くようになるのです。これが、この章の冒頭でお話しした「モードチェンジ」です。

2種類のイタズラが反転することの効果を考えてみてください。

感情をザワザワさせるイタズラは真逆に作用し、迷いなく自分が取り組んでいることに集中できるようになります。

例えば、「自宅に植物を置きたい」という「今すぐの夢」を実現させるために、観葉植物を買おうと考えていたとします。しかし、「もうひとりの自分」のイタズラによって「枯らしてしまったらどうしよう」と感情がザワザワします。そうして、「置く場所がないから、まず部屋の片づけからだ」と先送りにします。

これが反転します。「とりあえず近所の花屋さんに行って、初心者でも育てやすい品種を購入しよう」とポジティブに考えられるようになります。スペースも気になりません。「ちょっと散らかってるけど、植物を置く場所はあるからいいや」。そうして、実現させることができます。

他人を通したイタズラも同様です。周囲の人たちに足を引っ張られていたところから、協力してもらえるようになります。

例えば自分がダイエットをしていることが理由で一緒に外食ができずに、恋人から文句を言われていたとします。いちばん身近で大切な存在からの不満は、強いプレッシャーになるでしょう。それを理由にダイエットをやめようかと思ってしまうかもしれません。

それが「もうひとりの自分」がモードチェンジした途端に、味方をしてくれるようになります。

「ねえ、この美顔器、知ってる？　アメリカで流行っているんだって。顔がすっきりするらしいよ」

それを聞いて、ダイエットをしているけれど、なかなか顔がすっきりしないことを伝えます。

「じゃあさ、今度の誕生日にこの美顔器をプレゼントしようか！　でも、たまには俺にも使わせてね」

イタズラによって足を引っ張ってきていた人が、反転して協力者になってくれるわけです。

「もうひとりの自分」がすることは、悪いことだけではありません。**「もうひとりの自分」は、圧倒的な可能性を秘めています**。イタズラを気楽にやり過ごし、根競べに勝ちましょう。それができれば、周囲の人が夢の実現に協力してくれるようになるのです。

人生がスカッと変わる瞬間

「夢詰まり」の状態というのは、「もうひとりの自分」に向かって「自分は夢を実現させるつもりのない人間です」「夢を大切に扱わない人間です」というメッセージを吹き込んでいる状態です。

そこから夢詰まりが解消され、「もうひとりの自分」に「自分は夢を積極的に実現させる人間です」「夢の実現に楽しく取り組んでいます」というメッセージを伝えていくことで、**夢を実現させるパワーは大きくアップ**します。

そしてさらに、モードチェンジが起きる。集合的無意識も巻き込んで、**他人までもが自分の夢の実現に味方をしてくれるようになります。**

ここまで来たら、人生はさらに大きく変わります。夢詰まりが解消されることで毎日が楽しくなるという変化に加えて、より具体的な理想が近づいてきます。

思い出してください。「わがままリスト」には「今すぐの夢」だけではなく、「いつかの夢」もありました。ここまで読んだみなさんが気になるのは、『いつかの夢』はどうすればいいのか?」「結局実現できないのか?」ということでしょう。

その「いつかの夢」が実現するときがやってくるのです。

20 「いつかの夢」が実現するとき

夢の「純度」が上がる

「もうひとりの自分」が仕掛けてくるイタズラを上手にやり過ごしていると、「モードチェンジ」が起こる。すると「もうひとりの自分」の力を借りて、人生はさらに大きく変わっていきます。

「わがままリスト」を繰り返していると、ここまでにお話ししたこととは別に、重要なことが起こります。それは、**リストに書き出す内容の「純度」が上がっていく**ということです。

「わがままリスト」を書き始めた時点で夢を100個書けないようなら、テレビや雑誌、SNSを見ながら書いてもいいとお話ししました。そうしたものを見ずに100個書き出せた人もいると思いますが、いずれにしても、この段階では「なんとなく」選んだ夢が多いと思います。

よっぽど自分自身のことを深く知っている人でない限り、本当に追い掛けるべき夢ではないものが、多く書き出されていたはずです。その中から、実現が難しそうなものが残っているわけです。

そこから定期的に「わがままリスト」を繰り返すことで、新しい項目が加わったり、前回書いた項目を省いたりすることがあったと思います。

そうした変化を越えて、だんだんと夢が研ぎ澄まされていくイメージです。夢は変容し、**自分が追い掛けるべき「純度の高い夢」が書き出されていく**のです。

過去の「わがままリスト」を見直そう

第2章で、「わがままリストを書き直すときは、必ずゼロベースから」ということを強調しました。これは、リストの内容がどのように変化しているかを確認するためです。

過去のリストから修正しようとすると、どうしても前に書いた内容に引きずられてしまいます。それをゼロベースから書くことで、そのとき自分が望んでいることだけをリストにすることができます。

「書き出したリストを残しておく」こともお話ししました。過去に書いたリストが、たくさん残っているはずです。それを見返してみてください。

もし、自分のことをよく知っている誰かに、初期のリストを見せたとします。「それが本当にあなたの夢なの？」「こんなこと考えているの？　あなたらしくないね」。そう言われそうなことも、書かれているのではないでしょうか。

そこから、だんだんと書く夢が変わってきます。**「夢詰まり」の状態から人生が動き出したことで、本当に自分が叶えたい夢が見えてきます。**

昔のリストと見比べて内容に変化を感じない場合は、まだ夢詰まりの状態であったり、モードチェンジが起きていなかったりするのかもしれません。作業をこなすような感覚で「わがままリスト」を行っていないか、「今すぐの夢」の実現を楽しめているか、振り返ってみましょう。

ただし、いきなり「純度の高い夢」とそうでない夢と言われても難しいと思います。どのような変化があれば、純度が上がったということなのか、それは人それぞれで、一概に表現することはできません。

最初はそれほど気にしなくても大丈夫です。夢が変化していくうちに、強い納得感ができていきます。**「ああ、これが夢の純度が上がるっていうことなんだな」**と必ず気がつきます。

「いつかの夢」がとろけだす

純度の上がった「いつかの夢」。それに、「わがままリスト」を始める前からいつか実現させたい夢を自覚しながら、ずっと放置してきたという人も多いと思います。

例えば、「TOEICで800点を取りたい」と思い、新年の抱負として「今年はTOEIC800点を目指します」と書いていたかもしれません。しかし結局、何もしない。前の年も、その前の年も、ずっと同じ抱負を掲げていたという人もいます。

夢の純度が上がった状態で「わがままリスト」を書くと、あることが起こり始めます。今すぐは無理だと判断した**「いつかの夢」が、いくつもの「今すぐの夢」に分解されて、リストに現れてくる**のです。

私はその現象を「夢がとろけだす」と呼んでいます。分解された「今すぐの夢」を順番に実現させることで、「いつかの夢」が叶います。TOEICの例で言えば、このような内容が「今すぐの夢」として書き出されるようになります。

「とりあえず、次回の試験を受験してみようかな」
「英語の得意な人に、800点取るにはどうすればいいか相談してみよう」
「近所の本屋に行って、気になる英単語集を買おう」

これらの「今すぐの夢」を実現させていくと、さらに次の「今すぐの夢」が浮かんできます。

「苦手なタイプの問題を集中して学習しよう」
「単語だけではなく、熟語集も買って覚えよう」

「時間内にすべての問題を回答できるように、過去問に挑戦しよう」

こうして次々に実現させていくことで、いつの間にか800点を達成する。そんな流れになります。

夢がとろけだすという現象は、夢詰まりが解消されて、「もうひとりの自分」がモードチェンジしていると、勝手に起こり始めます。「いつかの夢」を実現させる方法が自然に降りてくるイメージです。

このように、「わがままリスト」を繰り返すことで、夢の純度が少しずつ上がり、困難だと思っていた「いつかの夢」も、叶えることができるようになります。しかも、その過程は楽しいことを選ぶだけ。「わがままリスト」が、意志力を必要としない成功法則であることをご理解いただけるのではないでしょうか。

さて、いろいろとお話ししてきましたが、「わがままリスト」のノウハウとしては以上です。お伝えしたことを実践していただければ、必ず自分にとって追い掛けるべき夢を叶えることができるはずです。

そして、人生が変わってきたことを実感できたら、続く最終章を読んでみてください。「わがままリスト」と合わせて実践することで、さらに人生の変化を加速させる方法をお話しします。

もちろん、ここでも意志力は必要ありません。「わがままリスト」に加えて、ちょっとした作業を行うだけです。

「いつかの夢」が叶ったその先に、また追い掛けるべき「夢」が見えてくる。それは、現段階では考えてもいなかったようなことかもしれません。それも叶えられるようになります。

そうして、人生は究極の正のスパイラルに入ります。どうせならわがままに、そこまで望んでみましょう。

この章のざっくりまとめ

⑮ 人にとって「変化」は危険なこと。変化を感じた「もうひとりの自分」がイタズラをしてくる。

⑯ 一つ目のイタズラは、感情をザワザワさせること。変化を邪魔する情報が目に入るようになる。

⑰ 二つ目のイタズラは、他人を使って足を引っ張ること。自分にとっていちばん厳しい相手が邪魔をしてくる。

⑱ 人生を変えようとすると、イタズラは必ず起こる。「今すぐの夢」の実現を楽しんで、気楽にやり過ごそう。

⑲ イタズラをやり過ごしていると、「もうひとりの自分」が改心するときがやってくる。そのサポート力は絶大！

⑳ 「わがままリスト」を続けていくことで、夢の純度が上がる。そして「いつかの夢」の実現方法がわかる！

第4章

「最高の世界」の住人になる

21

夢の実現を邪魔する「不幸の種」

「もうひとりの自分」は「脳内プログラム」の集合体

「わがままリスト」による人生の変化を、さらに加速させる方法があります。自分が追い掛けるべき夢を浮かび上がらせ、叶えることができる。それが繰り返される人生への架け橋です。少しややこしい話が続きますが、読んでみてください。

人間の意識には、自分が〝自分〟だと認識している顕在意識があり、その底に潜在意識があります。「もうひとりの自分」とは、この潜在意識のことでした。そのさらに奥底に、ユングの言う集合的無意識があります。ここまでは、前章でもお話ししました。

これまでの人生で体験したことや、そのときの思い（解釈）は、セットとなって「もうひとりの自分」の中に沈み込んでいきます。成功体験、失敗体験、子供の頃の家族とのやりとり、友達とのコミュニケーション、その他無数の体験。それらが、悲しかった、嬉しかった、楽しかった、腹が立ったという感情、そこから生まれた思考と組み合わされて、「もうひとりの自分」の中に蓄積されていくのです。

私はその一つひとつを**「脳内プログラム」**と呼んでいます。ここまでお話ししてきた「もうひとりの自分」とは、無数の脳内プログラムの集合体だと考えています。

知らないうちにも、**私たちの人生の至るところに脳内プログラムが反映されています。**

例えば、幼少期に「夜は静かにしなければいけない」「人に迷惑を掛けてはいけない」と親から強くしつけられた人は、他人のいびきや歯ぎしりに過剰に反応する場合があります。夜にうるさくして人に迷惑を掛けるということが許せないわけです。

こうした**脳内プログラムの存在を、普通はまったく気づくことができません。**そして気づくことのできないまま、人生のあらゆるところに反映されています。

誰もがたくさんの「不幸の種」を持っている

脳内プログラムのうち、人生の中でネガティブに働くものを「不幸の種」と呼んでいます。夢の実現が大きな壁に見えて、自分ではその壁を乗り越えることができないと思える。そんなとき、その人の中には不幸の種が埋まっているのです。

よくある不幸の種に**「自分は人から理解されない」**というものがあります。大人になるまで、他人に理解してもらえない苦しみを強く経験した人が持っている場合が多いと言えます。

この不幸の種を持つ人は、多くの場合、ある程度仲良くなった人と、より親密になりたいと思ったときにうまくいきません。友人、異性、仕事上の関係でも上辺だけの付き合いしかできません。

さらにこのことが繰り返されるたびに、「自分は人から理解されない」という不幸の種は強化されていきます。そうして、最初から人と親密な関係になることをあきらめてしまうようになります。

個人差はありますが、**不幸の種は多く存在しています**。しかし、不幸の種にネガティブな影響を受けているということにも、通常は気づくことができません。「もうひとりの自分」の中に脳内プログラムは長年存在していて、いちいち疑うようなものではないのです。

一度見つけると、不幸の種は力を失う

不幸の種が作用することについて、私たちは最初から「これは無理だ」と判断してしまっています。というより、そもそも「できるかも」と思うことすらできません。

不幸の種は、存在していることに自分でも気がついていないものです。脳の情報処理に干渉して、理想の人生への道を見えないようにしているのです。

「気づくこともできないのなら、どうしようもないじゃないか」と思えますが、そんなことはありません。**通常であれば気づかない不幸の種を、認識できる方法**があります。そしていったん不幸の種を認識することで、その効力を失わせることができます。

前章で、カラーバス効果についてご説明しました。特定のことを意識すると、そのことに関する情報が自然と目に付くようになる現象のことです。

人は自分の周りのすべての情報を認識しているわけではありません。見ているはずなのに、見えていない。聞いているはずなのに、聞こえていない。同じものが対象でも、何が見えて、何が聞こえているかは、人によりそれぞれ異なります。

ダイエットのために水泳をしている人が、カラーバス効果によってダイエットや水泳の情報に対して敏感になる。そうして、それまで気にしていなかった「水泳は腰を痛める」という記事が、頭から離れなくなる。そのことさえわかっていれば、特定の情報に左右されなくなる。

不幸の種が存在を認識されると情報処理に干渉できなくなるというのは、これと同じ仕組みです。

「もうひとりの自分」にどんな不幸の種が存在しているのかを突き止めることで、不幸の種は力を失っていきます。今まで見えなかった理想の人生への道が見えてくるのです。

22

「不幸の種」を消し去る方法

夢と現実のギャップを知る

「もうひとりの自分」は、理想の人生への道に目隠しをする「不幸の種」を持っている。その正体を突き止め、消滅させましょう。

不幸の種がなくなると、それまで大きな壁に見えていたものが、理想と自分との間にある一本の境界線くらいにしか見えなくなります。その線を踏み越えて、理想の世界に突入するかしないか、というだけの状態に変わっていくことができるのです。

今、自分が置かれている現実は、「脳内プログラム」が化学反応を起こした結果です。その現実があるにもかかわらず、私たちは「もっとこうなりたいな」という理想を持っています。**現実と理想のズレ。そのギャップこそが不幸の種による影響**です。

いきなり不幸の種を特定できればいいのですが、不幸の種は「もうひとりの自分」に埋め込まれていて、なかなか見つけることはできません。

そこで、まずはギャップを正確に把握することがとても大切になります。難しいことのようですが、ギャップ自体はシンプルです。

例えば、理想の恋人が欲しいのにできない、毎月の収入が不十分、人前でもっと上手に話したいのに話せない、などです。理想とすることと現実の違いを考えれば、すぐにわかると思います。

ギャップが生み出すメリットを知る

ギャップを把握したら、そのギャップがもたらすメリットを考えます。

理想に届いていないのに、メリットなんてあるのかと思うかもしれません。

しかし、**一見ネガティブに思えたとしても、必要なギャップだという可能性もあります。**何らかのメリットがあったり、恩恵を受けていたりするかもしれないのです。

以前、女性向けの美容整形の広告に、「今のままでは、運命の王子様にはまだ会えない」という切り口のものがありました。

女性の中には、理想の男性に出会う前に、自分が最高の女性にならなければいけないと思い込んでいる人がいます。そうして、歯の矯正やホワイトニングをしたい、スタイルを良くしたい、口角を上げたい、と考えます。美容整形の広告は、この女性心理を上手に捉えたものです。

ある女性が、「理想の男性と出会いたいけど、現れない」というギャップを抱えていたとします。この場合、「まだ最高の女性になっていない自分が、理想の出会いを回避できる」というメリットを得ているかもしれないのです。

理想と現実のギャップから、自分はどんなメリットを得ているのか。自問自答してみましょう。**「もうひとりの自分」は、何から自分を守ってくれているのでしょうか。**

紙に書いて行うとやりやすいと思います。

A4サイズの用紙の上半分に、ギャップを書き込みます。先の例なら、「理想の男性と出会いたいのに出会えていない」と書きます。

下半分には、**「このギャップで自分はどのようなメリットを得ているか？」**と書き込んでください。

落ち着ける場所で、この用紙を見ながら、自分はこのギャップからどんなメリットを得ているのか自問自答してください。そして、気づいたことがあれば、下半分の余白に書き込んでください。「もっと痩せないといけないって考えてるんだ」「今理想の男性が現れても、積極的になれないだろうな」。そうして、メリットがはっきりしてきます。

そして、そのメリットを裏返せば、不幸の種も見えてきます。この場合であれば、「完璧な女性にならなければ恋人はできない」という思い込みです。

ギャップを知って人生を変えた女性

私が相談を受けた女性の例です。

彼女はグループリーダーへの昇進を望んでいました。彼女の会社では、年間に2回昇進の機会があるのですが、過去2回とも昇進が見送られていました。理由は大きな組織変更の影響などで、彼女自身に問題があるというわけではありません。後輩たちからも慕われていて、業績も申し分ないようでした。

なぜかうまく事が運ばない。そして、3度目の機会も彼女は逃してしまったのでした。

ここに、グループリーダーに昇進したいという彼女の理想と、３度続けてうまくいかないというギャップがあります。

彼女が３度目の機会を逃した直後、知人の紹介で話す機会がありました。とても聡明でコミュニケーションも円滑です。ただ、彼女の中に漠然とした不安があるように感じました。そこで、ギャップからどんなメリットを受け取っているか自問自答してもらいました。

グループリーダーになると、週に2回、自分のグループのミーティングを仕切らなければならないとのこと。「なんとなく自信がない」「先輩たちが見事にミーティングを回しているところが強く印象に残っていて、自分には同じようにできないように思える」「実際にやったら恥をかくのではないか」という恐れがあるということでした。

これが、彼女にとっての不幸の種です。**他人から見れば些細《ささい》な不安でも、回**

避するべく不幸の種は働いています。「ミーティングの仕切りができずに恥をかくのでは」という恐れから遠ざかる、というメリットをもたらしていたのです。

私は、実際にミーティングを仕切れるかどうかではなく、彼女の心の中の恐れを解消することが重要だと伝えました。加えて、後輩たちを集めて疑似ミーティングを行うことと、グループリーダーが休みのときに、代理で司会をさせてほしいと依頼することを提案しました。

実際に司会をした彼女は、「やはり先輩たちのようにはうまくいかない」と漏らしました。ただ、「恐れていたほどのことでもなかった」とも言いました。

その後、4回目の機会をつかみ、彼女は無事にグループリーダーに昇進しました。昇進できないというギャップから得ていたメリットを知ることで、不幸の種を特定できたのです。

まずは、理想と現実のギャップを明確にする。そして、そのギャップにどのようなメリットがあるのかを考える。そうすることで、不幸の種を特定でき、状況が一変することもあるのです。

夢を叶えるリソースを考える

不幸の種を特定する方法として、もう一つ、別のアプローチをお伝えします。

人は、いろいろな「リソース（資源）」を活用しながら生きています。ここで言うリソースとは、お金、時間、健康、人間関係、知識、スキルなどです。

夢と現実の間のギャップを消滅させるためには、どのリソースがあとどれくらいあればいいのかを考えてみてください。

ここで、過去の「わがままリスト」を見直してください。「今すぐの夢」と

「いつかの夢」に分けたとき、「いつかの夢」の横に、すぐに実現できない理由を書いていたはずです。このキーワードを参考にしてください。

「もっと知識が必要だ」「これくらいのお金がいる」「こんな知り合いがいれば」「もっと時間が欲しい」。多くの人が、とてもたくさんのリソースが必要だと考えます。

しかし、**夢を実現させるために、本当にそれほど多くのリソースが必要でしょうか。**

「夢を叶えるためにはお金がこれだけ必要だ」

そう思っているのであれば、お金に関係する不幸の種が存在しているのかもしれません。

「やっぱり今は人脈を増やさないと物事がうまくいかない」

そう考えているとしたら、人間関係や人脈に関係する不幸の種を持っているのかもしれません。

このように、リソースについての問いを持つことが、不幸の種を見つけ出すきっかけになります。

もちろん、必要だと考えたリソースを手に入れたほうが、夢を実現できる可能性が高いこともあります。現実的に可能であれば、どんどんリソースを増やしていく努力をしてもいいでしょう。

しかしほとんどの人は、必要なリソースを現実以上に大きく考えてしまっています。多くのリソースが必要だと思っているとしたら、その考え方のすぐ真裏に、不幸の種は隠れています。**見つける寸前まで進んでいるのです。**

23 人は8種類の世界のどこかで生きている

あなたの「ワールドイメージ」は？

本章のここまでのお話は、特定の「不幸の種」を明らかにする方法です。現実と理想のギャップを知る、あるいはリソースの観点から、不幸の種を具体的に探していきます。

しかし、不幸の種は一つではありません。「もうひとりの自分」の中にいくつもの不幸の種があり、ネットワーク化されています。そのため、一つの不幸の種を見つけても、効力を失わないことがあります。広く根を張った植物を抜こうと思っても、1カ所からでは難しいのと同じです。

ここではいくつもの不幸の種に大きく網を掛けて、一気に消し去る方法を紹介します。これまで一本釣りをしていたのに対して、投網を投げるイメージです。

この本を書いている私も、読者のみなさんも、現実社会の中で暮らしています。みなさんにとって現実社会とはどんなところですか？　という質問をしたら、どのように答えるでしょうか。

この答えは、人によってさまざまです。「現実社会って、たくさんのチャンスがあります。努力すればうまくいく世の中で、本当に生きやすいです」と言う人もいれば、「現実社会はキツイです。何をどうやってもうまくいかないです。この世の中で生きていくのは厳しいです」と言う人もいるでしょう。

この現実社会に対する認識を、私は「ワールドイメージ」と呼んでいます。

ワールドイメージも「脳内プログラム」の一種です。無意識のうちに抱いているワールドイメージは、人生に確実に反映されています。ワールドイメージがネガティブに働いているなら、それも不幸の種と言えます。

「現実社会は厳しい！」と思っている人は、やはり現実社会が厳しいと感じる出来事に出会うことが多いでしょう。言葉が適切ではないかもしれませんが「現実社会なんて、ちょろい」と思っている人は、願ったことがスイスイ叶ったり、誰かが助けてくれたりすることが多いでしょう。

現実社会を優しい場所と考えているか、厳しい場所と考えているか、このどちらかで、その人を取り巻く環境は大きく異なってきます。

「無価値感」と「無能力感」

次に、**自分自身のことをどのように思っているか、「セルフイメージ」**についても考えてみます。

不幸の種を見つけてひも解いていくと、ほとんどの場合、「無価値感」と「無能力感」に行き着きます。

無価値感は、自分自身には価値がないと思う感覚です。「自分にはすばらしいものを受け取る資格がない」「自分の存在自体に価値がない」と思ってしまうことを言います。

手に入れたい結果や物があるけれど、うまくいかない。そのとき、欲しい結果や物をどのようにして手に入れたいのかということが問題になります。自分の力で手に入れるのではなく、誰かから「はい、どうぞ!」とプレゼントされたい、という願望があることが少なくありません。

本人もまったく気づいていないことですが、これは無価値感の裏返しです。誰かからプレゼントされることで、自分が価値ある存在だと思いたいのです。逆に、自分の力で手に入れてしまっては、本人にとっては意味がないことです。この違いを自覚するのは、とても難しいことです。

無能力感は、自分には能力がないと思う感覚です。

例えば会社で新しいプロジェクトに参加してみないかと誘われたときに、とても自分には期待に応えるだけの能力がないと感じてしまうことです。

先ほどの、グループリーダーへの昇進を逃していた女性は、無能力感につながる不幸の種を持っていました。先輩たちと自分を比べて、自分には能力がないと考えていたわけです。

問題は、そこに明らかな能力の差があるというわけではないことです。見事にミーティングを仕切る先輩の姿と自分の無能力感が反応して、不幸の種を作ってしまったのです。

無価値感や無能力感には、教育や文化がとても大きく影響しているのだと思います。家族や身近な人たちが、無価値感や無能力感を抱いていた。そうした人たちの悩む気持ちが言動にも表れて、成長過程で自分に繰り返し投げ掛けられていた。それがそのまま、人生に影響を及ぼしています。

また、女性の場合、無価値感が影響を与えているケースがとても多い。**なぜ、日本の文化風土では女性が無価値感を持ちやすいのか。**国際的なリサーチでも、日本は男女平等について先進国の中で最低ランクです。こうしたことも考えていかなければいけないと思います。

あなたの「セルフイメージ」は？

さて、セルフイメージは、無価値感と無能力感が自分の中でどのように作用しているのかで考えます。

当たり前ですが、無価値感の反対は、自分に価値があると思っている状態です。そして、自分に価値があると感じている人は、「自分は望んでいる結果を手に入れる資格がある」という脳内プログラムを持っています。そのため、実際にチャンスやおいしい展開がめぐって来ます。

無能力感の反対は、自分に能力があると思っている状態です。そして、自分に能力があると感じている人は、「自分は望んでいる結果を自分の能力で獲得していくことができる」という脳内プログラムを持っています。だから、どんな状況でも落ち着いて能力を発揮できます。また、必要なスキルや専門知識なども着実に身に付けていくことができます。

自分のことを価値があると思っているか、ないと思っているか、また、能力があると思っているか、ないと思っているか。この違いで、セルフイメージは4パターンに分類されます。**すべての人がこの四つのいずれかの影響を受けているのです。**

そして、前述した通り、不幸の種をひも解いていくと、ほとんどが無価値感と無能力感に行き着きます。このことを知ると、自分の不幸の種が「これも無

「セルフイメージ」は4パターンに分類される

自分に価値があり 能力もある	→	チャンスに恵まれ 力も発揮できる
自分に価値があり 能力はない	→	チャンスには恵まれるが 力を発揮できない
自分に価値がなく 能力はある	→	力はあるが チャンスに恵まれない
自分に価値がなく 能力もない	→	チャンスに恵まれず 力も発揮できない

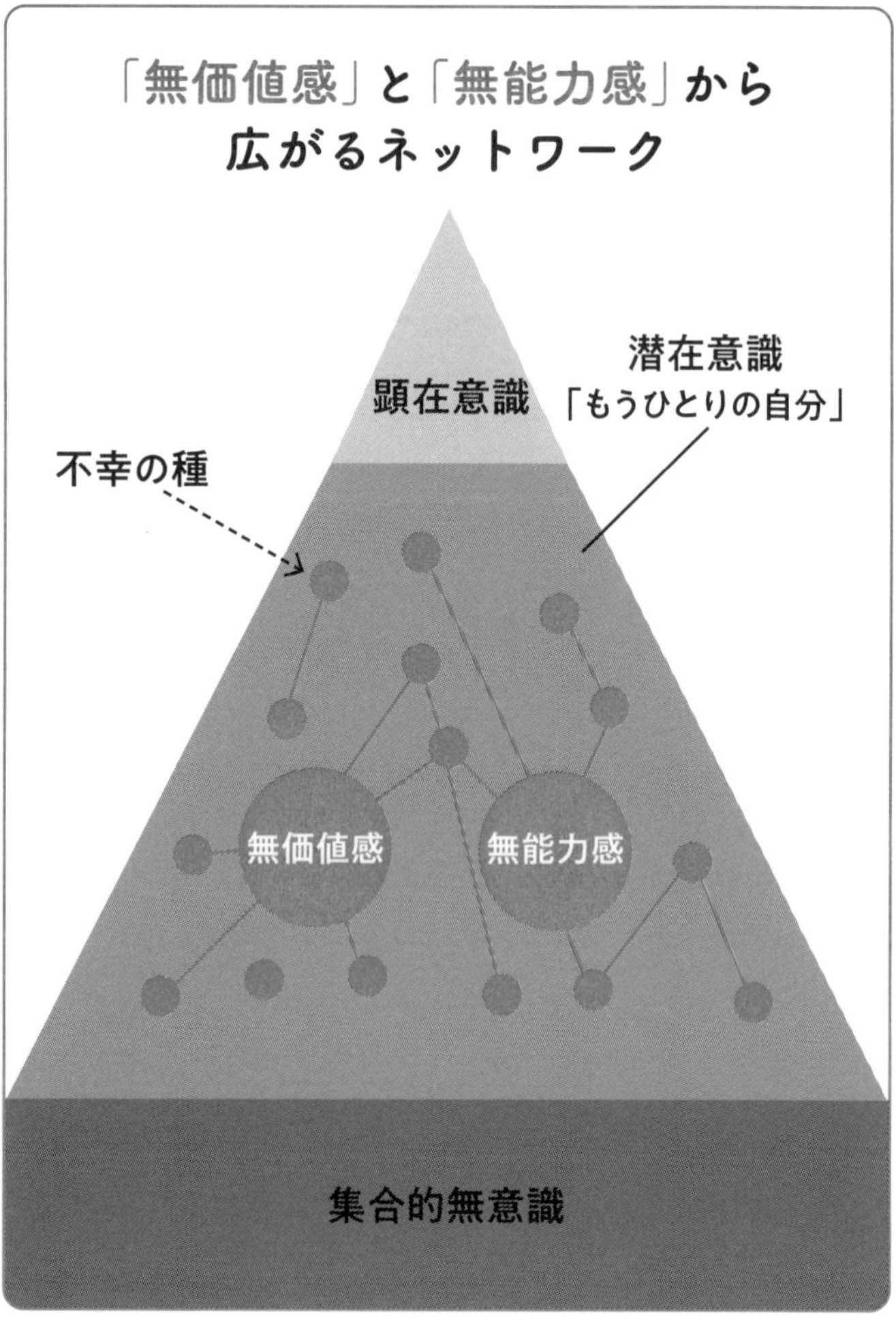
「無価値感」と「無能力感」から
広がるネットワーク
顕在意識
潜在意識
「もうひとりの自分」
不幸の種
無価値感
無能力感
集合的無意識

価値感から来るものか」「あれも根っこに無能力感があるな」と気づきます。まずは特定の不幸の種を知ることで、根っこにある無価値感と無能力感が見えてくるわけです。

無価値感と無能力感からネットワークが広がって、無数の不幸の種が結び付いている。であれば、無価値感と無能力感に注目することで、不幸の種を芋づる式に引っ張り出すことができます。

「最高の世界」に移行しよう

先ほど、ワールドイメージについて、現実社会を優しいと捉えるか、あるいは、厳しいと捉えるかによって、その人を取り巻く環境が分かれるとお伝えしました。

2パターンのワールドイメージと4パターンのセルフイメージを組み合わせると、8パターンになります。人はこの8種類の世界のうちのどこかに生きていることになります。**みなさんはどの世界の住人でしょうか。**

現実社会が厳しいというワールドイメージは不幸の種です。自分に価値がない、自分には能力がないと感じることも、不幸の種です。

そうなると、８種類の世界のうち、**「現実社会は優しく、自分に価値があり能力もある」の世界に移行できれば、不幸の種は消え去ります。**自分を取り巻く現実が、最高の方向に向けて動き出すのです。

あなたはどの世界に住んでいる？

❶現実社会は優しく、自分に価値があり能力もある

❷現実社会は優しく、自分に価値があり能力はない

❸現実社会は優しく、自分に価値がなく能力はある

❹現実社会は優しく、自分に価値がなく能力もない

❺現実社会は厳しく、自分に価値があり能力もある

❻現実社会は厳しく、自分に価値があり能力はない

❼現実社会は厳しく、自分に価値がなく能力はある

❽現実社会は厳しく、自分に価値がなく能力もない

24
「不幸の種」を消滅させる「鏡の魔法」

昔から使われてきた鏡の力

二つの「ワールドイメージ」と四つの「セルフイメージ」を組み合わせた8種類の世界をご紹介しました。現実社会は優しく、自分には価値も能力もあるという世界で生きられたら最高です。

もしそうでなければ、「最高の世界」に引っ越したいものですが、ワールドイメージもセルフイメージも、「もうひとりの自分」に根強く存在しているものです。簡単に移動できるというものではありません。

最高の世界の住人になるには、「もうひとりの自分」に効果的にアクセスしなければいけません。ここでは「鏡の魔法」をご紹介します。

鏡を使った手法は本当にパワフルです。鏡は、昔から西洋魔術の世界では自分の夢を実現させるために使われていました。アメリカの古い自己啓発書でも、鏡を使って潜在意識に働き掛ける方法が紹介されています。また、日本でも明治から昭和にかけて活躍していた中村天風《てんぷう》さんが、自己暗示をかけるための方法として鏡を使っています。

次にご説明する方法で、最高の世界に移動することができます。また、前述した「理想と現実のギャップを知って不幸の種を特定する」方法でも、鏡を併用すると、とても効果的です。こちらも合わせてお話ししていきます。

「もうひとりの自分」にアクセスする

特別な鏡を用意する必要はありません。全身が映る大きなものが理想ですが、なければ顔が映るくらいの大きさで大丈夫です。大きな鏡の場合は、鏡の前に立ちましょう。小さな鏡の場合は、立っていても座っていてもどちらでも、顔が映っていればＯＫです。

そして、鏡の中の自分に話し掛けます。**鏡の中に映っているのは当然自分自身ですが、「私は――」という話し方はしないでください。**「あなたは――」「君は――」「おまえは――」など、他人に話し掛ける言い方であれば、どんな言葉でもかまいません。時間としては、次に説明する内容を合計して、１回５分から10分くらい。できれば朝と夜の２回行ってください。

まずは、**最高の世界に移行するための方法**です。次の言葉を鏡の中の自分に話し掛けてください。

「あなたはみんなが協力してくれる優しい世界に生きていますね」
「あなたはいつでもおいしい展開に恵まれる価値ある人ですね」
「あなたはいつでも十分に力を発揮できる能力を持った人ですね」

次に、**特定の不幸の種を見つけ出すための方法**です。
まず、夢と現実のギャップを明確にしてください。そのうえで次の言葉を鏡の中の自分に話し掛けてください。

「あなたは、このギャップを生み出している不幸の種の正体を知っていますね」
「あなたは、このギャップによってどんなメリットがあるかを知っていますね」

この2種類のアプローチを同時に始めてもいいですし、どちらかだけでもかまいません。気軽にできる時間内で、繰り返し鏡の中の自分に話し掛けてください。

映画の主人公になりたかった

私自身の例ですが、過去に鏡の魔法を使用して不幸の種を特定したケースをご紹介します。

まだ私が会社員としてセールスをしていた頃、四半期ごとに売上目標がありました。実際にはいつも目標を達成するのですが、達成できるかどうかは最後の週までわからない。そんなことを、毎回繰り返していました。

後に自分が事業を統括する立場になり痛感しましたが、ギリギリまで目標が達成できるかどうかわからないというのは、管理職にとっても厳しいものです。しかも3カ月ごとですからたまりません。当時の私自身も、さっさと目標達成して残りの期間をゆったりと過ごしたいと考えていました。

これだけ自分の意志に反して同じことを繰り返すということは、不幸の種が関係しているのではないか。そう考えて、鏡の魔法を試してみることにしました。

この場合のギャップは、**「早いタイミングで目標達成を決めてしまいたいのに、毎回最終週までズレ込んでしまう」**というものです。

「あなたは、このギャップを生み出している不幸の種の正体を知っていますね」
「あなたは、このギャップによってどんなメリットがあるかを知っていますね」

鏡の中の自分に話し掛けます。

鏡の魔法を始めてだいたい1週間経った頃でした。自宅の部屋の整理をしていたときに、昔ダビングしたビデオテープが出てきました。タイトルは書かれていませんo何が録画されているのかわからないまま、再生してみました。

テレビに映ったのは、トム・クルーズ主演の『トップガン』という映画でした。米軍のエリートパイロットたちの物語です。

私は学生のときに初めてこの映画を観ました。挫折を味わった主人公が、最後に大活躍をしてヒーローになる。そんなストーリーに魅了され、ビデオ化されてからも何度も観ていました。

再生された場面は後半でした。友人でもある同僚を事故で死なせしまったことで自信を失った主人公が、最後の最後に敵を撃退してアメリカ軍を勝利に導きます。タイトルを確認するだけのつもりでしたが、最後まで見入ってしまいました。

そして、「そういうことか」と納得しました。

最後の週までどうなるのかわからないという状況で、結局目標を達成する。

自分がこういうシチュエーションにあこがれていたのだという事実に気づいた

わけです。

ここでも「もうひとりの自分」はイタズラしてくる

ただ、それだけの話です。しかし、次の四半期から私は早々に目標達成を決めてしまえるようになりました。

意識の深い部分からの気づきと納得がありました。**「あこがれのシチュエーションは十分に楽しんだ。ビジネスとしては、早々に目標を達成するべきだ」と心の底から思えた**のです。これだけのことで、実際の結果がまったく変わってしまいました。

不思議なところは、突然思い立って部屋の整理を始めたことがきっかけだということです。鏡の魔法の効果だと確信しています。

さて、鏡の魔法は、魔法というくらいなので、何度も繰り返しているとだんだん不思議な感覚になってきます。自分で不思議な感覚になってきたと思ったら、効果が出てくる予兆です。

ただし、気をつけなくてはいけないことがあります。本質的で大きな影響をもたらす変化を、「もうひとりの自分」は嫌います。鏡の魔法はとても効果のある方法なので、**例によって「もうひとりの自分」によるイタズラが始まります**。これも上手にやり過ごしてください。

最も多いイタズラのパターンは、「鏡に話し掛けるなんてバカバカしい」と感じてしまうことです。あまり深刻に受け止めずに、「結果が出ようが出まいがしばらくは続けてみるか」くらいの気持ちで行ってください。

25 願ってもいなかった場所にたどり着く

意識が整理されていく

ギャップに注目して自問自答したり、リソース不足について考えることで、不幸の種を見つける。「鏡の魔法」を使って、「不幸の種」をすべて引っ張り出す。この章では、そんなお話をしました。

「わがままリスト」も、不幸の種を消すのも、「もうひとりの自分」にアクセスする方法です。やりとりを重ねれば重ねるほど、円滑になっていきます。

これは、やり方を知らなければできないことです。人は毎日毎瞬、「もうひとりの自分」に「脳内プログラム」を送り込み続けています。部屋の中に、荷物をどんどん放り投げていくようなものです。脳内プログラムは、ランダムに蓄積していく一方なのです。

それが災いして、本当に追い掛けるべき夢が浮き出てこなくなります。着目すべき不幸の種がどこにあるのか、わからなくなります。

本書のノウハウを通じて、顕在意識と潜在意識との交流が行われることで、脳内プログラムは整理されていきます。どこに何があるのかがわかるようになり、適切な場所に置くこともできます。

そうして、次に書き直される「わがままリスト」に反映されていきます。夢詰まりが解消し、「もうひとりの自分」がサポートしてくれる。夢の純度が上がり、自分の追い掛けるべき夢が浮かんでくる。

不幸の種が消え去ることで、夢の純度はさらに上がる。そしてその夢も叶っていく。人生は、究極の正のスパイラルに入ります。気がつけば、願ってもいなかったような場所にたどり着くことができるのです。

今が楽しいことが大切

この章で説明したノウハウのすべてを通して、必ず同時進行で「今すぐの夢」を実現させていってください。不幸の種を特定することや「最高の世界」に移行することを優先して、つい忘れがちですが、気をつけてください。この部分が滞ると、また「夢詰まり」になってすべてうまくいかなくなります。

未来のために今を犠牲にするのではなく、「今が楽しい」ということがとても大切です。

イソップ寓話に『アリとキリギリス』という話があります。アリはコツコツ努力をする。キリギリスは今を楽しんでいる。冬になるとキリギリスは路頭に迷い、アリは蓄えで生きていける。

古くからの考え方では、そういう捉え方もありました。人類が生きていくうえで、そもそも変化は危険とつながっていました。食料も確保しなければいけません。そういう理由もあり、「怠けているとダメなのだ」「働かざる者食うべからず」という考え方が強かったのだと思います。

しかし、現代の日本では状況はまったく違います。

どんな「ワールドイメージ」を持っているか、という話をしましたが、それほど大きく考える必要はありません。現実社会とは、自分を中心にしたある程度のエリアだけです。人間関係においても、よほど特殊な仕事でなければ、限られた中で世界は構成されているはずです。

よく「半径5メートルを幸せにしよう」などと表現します。**限定された範囲がハッピーであれば、自分自身もハッピーなはず**です。

本書に書いたのは、今を楽しむことで、未来も楽しくする方法です。楽しい今を続けていけば、人生すべてが楽しくなる。そんな生き方を実践していきましょう。

この章のざっくりまとめ

㉑「もうひとりの自分」の中には、理想の人生への道に目隠しをする「不幸の種」がある。「不幸の種」を見つけることで、その効力は失われる。

㉒理想と現実のギャップから得られるメリット、また、理想を実現するためのリソースの観点から考えると、「不幸の種」が見えてくる。

㉓人は８種類の世界のどこかで生きている。「最高の世界」の住人になれば、「不幸の種」は消え去る。

㉔「鏡の魔法」を使って、「最高の世界」の住人になる。

㉕本書のノウハウを実践することで、究極の正のスパイラルが生まれる。すべて通して「今が楽しいこと」が大事。

おわりに

最後までお読みいただき、ありがとうございます。

本書のノウハウに限らず、私は「今を楽しむことで、未来も楽しくする」と提唱しています。しかし、もともと「努力」「がんばる」「歯を食いしばって」という価値観の持ち主でした。

私が社会人になったとき、日本はバブル崩壊直後でした。毎日、朝から深夜まで仕事をして、自宅には寝るために帰るだけという生活が続き、多くの失敗や挫折を味わいました。

もう30年ほど前の話です。自分自身はもちろん、周囲の人にもがんばることを強いていました。しかし、こういう生活を一体いつまで続けられるのだろうと不安であったことを覚えています。

その後、転職・独立を経て、「成功したい」「幸せになりたい」という人のお手伝いをする仕事を始めて10年以上になりました。

世は平成から令和に移り、時代は大きく変わったはずです。昔なら大手書店や図書館にでも行かなければ手に入らなかった莫大な情報に、スマートフォンで簡単にアクセスできます。

しかし、テクノロジーは進歩したのに、人の生き方については大きな進展は見られません。新しい時代には新しい生き方があっていいと思います。

そんな思いから、21世紀流の「今を楽しむことで、未来も楽しくする」方法として、「わがままリスト」は生まれました。実践していただくことで、人生が素敵に変わっていくはずです。本書が少しでも読者の皆様のお役に立つのなら、望外の喜びです。

さて、本書の刊行に当たりまして、今まで私の言葉に耳を傾けてくださいましたクライアントの方々、関係者様に御礼申し上げます。皆様との本音のやりとりがなければ、本書は誕生しなかったでしょう。

また、偉大な教えを授けていただいた、『7つの習慣』のスティーブン・R・コヴィー博士に感謝いたします。

そして、私とはまったく違う価値観を持ち、常に新鮮な驚きを身近で与えてくれる妻と娘にも感謝を。

最後に、本書の編集者であります久保木勇耶様には、私の真意をくみ取り、粘り強くサポートしていただきました。ありがとうございます。

山岸洋一

山岸洋一（やまぎし・ひろかず）

1966年生まれ。千葉大学卒業後、大手IT企業でSEとして金融機関のシステム構築に従事。パソコン事業部門に異動し、ヘルプデスク部門を統括。最新技術を紹介する技術読本の執筆やセミナーの講師を担当。その後『7つの習慣』で有名なフランクリン・コヴィー社の日本法人に転職。2万人以上に『7つの習慣』をベースとしたセミナーを受講させる。また、『7つの習慣』の子ども向け展開事業を新規開発し、事業統括を行う。トップセールスとしてセールスチームをマネジメントし、20四半期連続目標達成の記録を樹立。世界130支店の中でトップクラスの営業担当500人のうち、さらに優秀な成績を上げた者にだけ贈られる米国本社CEO表彰を5年連続受賞。その業績からスティーブン・R・コヴィーと直接仕事をするようになり、そこで受けた教えと、プライベートで回答してもらった10の質問はいまでも財産となっている。ほかにも、コーチングの神様といわれるマーシャル・ゴールドスミスや『チーズはどこへ消えた?』のスペンサー・ジョンソンからも教えを受ける。独立後は組織・個人向けのコンサルティングを行い、有料セミナー、セッションを受講した人数は累計2,000人を超える。個別セッションにより導き出されたノウハウにより、特に女性の潜在的なポテンシャルを引き出すことに成功している。著書に『人生の決め方』（総合法令出版）がある。

ニュースレターのご案内

「わがままリスト」を効果的に実践していくためのコツを、ニュースレター形式でお届けします。ご興味のある方は、下記のURLまたはQRコードからお申し込みください。

https://yamagishihirokazu.com/newsletter/

※本サービスは予告なく終了する場合がございます。予めご了承ください。
※個人情報は、ニュースレター配信の目的のみに使用します。個人情報の保護に関する法令およびその他の規定を順守し、個人情報は適正に取り扱かわれます。

やりたいことだけやって人生を良くするわがままリスト

2021年11月18日　第1刷発行

著者　山岸洋一《ひろかず》

ブックデザイン　藤塚尚子（e to kumi）
イラスト　りゃんよ
校正　菅波さえ子
発行人　永田和泉
発行所　株式会社イースト・プレス
〒101-0051東京都千代田区神田神保町2-4-7 久月神田ビル
Tel.03-5213-4700 Fax.03-5213-4701
https://www.eastpress.co.jp
印刷所　中央精版印刷株式会社

ISBN 978-4-7816-2025-1